KARIN FISCHER VERLAG

Heinz Neusser

Zum Überleben geboren

Karin Fischer Verlag

Grenzerfahrungen im Bereich zwischen Leben und Tod, Schilderungen von Unfällen, Beschreibung neuer therapeutischer Verfahren zur Behandlung von Heuschnupfen und Sudeck'scher Dystrophie III. Grades, Darstellung des Verlaufs meiner posttraumatischen Belastungsstörung sowie Schilderung von aufgetretenen parapsychologischen Phänomenen.

Inhalt

Vorwort

Schon früh in meinem Leben wurde ich mit dem Thema Tod konfrontiert. Viele Situationen – meist Unfälle oder Zustände nach schwerwiegenden gesundheitlichen Problemen hätte ich nach menschlichem Ermessen eigentlich nicht überleben dürfen. So war ich nach einem Unfall beim Tauchen bereits für klinisch tot erklärt worden und hatte dabei auch ein Nahtoderlebnis. Ein Verkehrsunfall im Jahre 1993, den meine Ehefrau und meine damals 8-jährige Tochter nicht überlebten, führte zu zahlreichen parapsychologischen Ereignissen und bewirkte bei mir eine posttraumatische Belastungsstörung. Die Art und Weise, wie ich als Psychotherapeut damit umging, soll hier näher beschrieben werden. Meine Gefühle und mein Verhalten, einschließlich das Verhaltens meines Vorgesetzten – eines Chefarztes der Psychiatrie – sollen dem Leser zeigen, wie man es besser nicht machen sollte, denn es entstanden zahlreiche lebensgefährliche Situationen – aber es kam auch zu zahlreichen parapsychologischen Phänomenen, die mir dann immer wieder ein Überleben ermöglichten.

Zunächst werden in chronologischer Reihenfolge Ereignisse aufgelistet – auf manche wird sodann im weiteren Verlauf ausführlicher eingegangen.

Es gibt viele Freunde und Bekannte, die manche meiner Erlebnisse bezüglich der Themen Tod, Traumata, parapsychologische Phänomene etc. kennen. Sie haben mich gebeten, ich solle diese Ereignisse und Erkenntnisse unbedingt als Dokumentation niederschreiben, bevor ich altersbedingt dazu nicht mehr imstande oder womöglich gestorben wäre, weil diese Erkenntnisse für viele Menschen von Bedeutung sein könnten. So z. B. auch für Menschen, die sich mit ihrem Tod beschäftigen (wer tut das nicht?), oder für Menschen mit suizidalen Gedanken, oder für Menschen mit schweren Verletzungen, die hier Anregungen finden sollen, wie man Symptome deutlich verbessern könnte, oder auch für Menschen, die sich ganz einfach für parapsychologische Ereignisse interessieren.

Übersicht über die Ereignisse in chronologischer Reihenfolge

Mai 1945: Tschechische Partisanen machten Jagd auf deutsche Zivilisten und schossen meinen Vater von hinten nieder. Er erlitt einen vollständigen Lungendurchschuss. Eine Tschechin und im entscheidenden Moment russische Soldaten retteten meinem Vater das Leben, als die Partisanen ihn mit den Gewehrkolben totschlagen wollten. Im Falle seines Todes hätte ich – der ich erst zwei Jahre später dann zur Welt kam – also niemals existiert.

Sommer 1947: Meine Mutter wurde mit mir schwanger. Sie befürchtete, entweder sie oder eines ihrer 5 Kinder würden die Geburt eines weiteren Kindes wegen der unmittelbaren Nachkriegsumstände mit Vertreibung nicht überleben können. Sie bat ihren Hausarzt um Abtreibung, was dieser natürlich ablehnen musste. Nach der Vertreibung aus ihrer Heimat, dem Sudetenland, war meine Familie (Vater, Mutter und fünf Söhne im Alter von 2, 5, 7, 9 und 10 Jahren) in zwei kleinen Zimmern eines Bauernhofs untergebracht. Es gab damals weder fließend Wasser noch Toilette im Haus und es bestand ein großer Mangel an Lebensmitteln und Geld – ausgerechnet in dieser Situation wurde meine Mutter schwanger.

17.02.1948: Unmittelbar nach der Geburt wurde ich von einer Hebamme – wie mir später zugetragen wurde, einer älteren und unfreundlichen Dame – gebadet und bei geöffnetem Fenster und bei Außentemperatur von ungefähr minus 10 °C auf die Fensterbank gelegt. Resultat: Ich bekam hohes Fieber mit Lungenentzündung und die Ärzte waren sich damals ziemlich sicher, dass ich wohl nicht überleben würde.

März oder April 1948: Zwei meiner Brüder (5 und 7 Jahre alt) sollten mich mit dem vom Vater gebastelten Kinderwagen spazieren fahren. Dabei rannten sie so schnell, dass sie die Kontrolle über das Gefährt verloren, es losließen und der Kinderwagen schräg die Böschung des üblicherweise zwar kleinen, damals aber Hochwasser führenden Flüsschens Glött hinunterfuhr, sich dabei überschlug und mit den Rädern nach oben im eiskalten Wasser zum Liegen kam. Eine Frau, die dies von Weitem gesehen hatte, eilte herbei und rettete mich vor dem Ertrinken. Folge für mich: Hohes Fieber und bereits die zweite lebensbedrohliche Lungenentzündung (Antibiotika gab es damals noch nicht).

1957: Eines frühen Morgens erwachte ich von einem schrecklichen Traum: Ich bin Augenzeuge, wie mein Bruder Reinhard mit dem Motorrad schwer verunglückt und sein Sozius gegen einen Baum knallt. Ich bin nach diesem Traum so aufgewühlt, dass ich nun nicht mehr einschlafen kann. Ungefähr eine Stunde später vernahm ich lautes Rufen und Klopfen an unserer Haustüre: Reinhard war tatsächlich vor circa einer Stunde mit dem Motorrad verunglückt und war ins Krankenhaus gebracht worden. Seinem Sozius musste später der rechte Arm amputiert werden. Ein sehr wahrscheinlich telepathischer Traum.

1958: Mein wohl zweiter telepathischer Traum: Im Alter von 10 Jahren hatte ich ein Meerschweinchen, das nachts in einer Kiste mit Luftschlitzen auf dem Dachboden schlief. Eines Nachts hatte ich einen schrecklichen Traum: Ich befinde mich in einer Kiste, die der meines Meerschweinchens ähnelt, nur etwas größer ist, als plötzlich drei Ratten auftauchen – jede so groß wie ein Wildschwein. Von drei Seiten beginnen diese nun die Kiste aufzunagen, um mich auffressen zu können. Ich habe Todesängste und erwachte sodann mit heftigem Herzklopfen. Schlagartig war ich hellwach und hörte ein leises Quieken. Sofort sah ich mein Meerschweinchen in Lebensgefahr und weckte meine Brüder auf, die aber kein Quieken hören konnten und nur besänftigend auf mich einredeten, ich hätte wohl einen Albtraum gehabt und solle doch bitte versuchen, wieder einzuschlafen. Ich ging ins Elternschlafzimmer und weckte meine Eltern auf. Mein Vater meinte, ich solle doch auf den Dachboden gehen, um die Kiste mit dem Meerschweinchen herunterzuholen. Ich scheute mich aber vor dem Gedanken, bei völliger Dunkelheit zu den dort oben vermuteten Ratten hochzugehen (es gab damals noch kein Licht auf dem Speicher). Nach Tagesanbruch jedoch ging ich schnurstracks hoch zu meinem Meerschweinchen, von dem jedoch nur noch das Fell, der Kopf und die Pfoten übrig waren: Von drei Seiten war die Kiste von Ratten aufgenagt worden. – Noch viele Jahre danach habe ich mir persönlich meine damals leider »unterlassene Hilfeleistung« zum Vorwurf gemacht, die meinem Meerschweinchen das Leben gekostet hatte!

1958 oder 1959: Kinderlähmung-Epidemie in unserem Ort (Jettingen) mit vielen Toten. Mein Freund, mit dem ich täglich gespielt hatte, erkrankte an Kinderlähmung. Ich bekam gleichzeitig Fieber, war aber nach wenigen Tagen wieder wohlauf. Auch mein Freund überlebte damals, er hatte aber lebenslang mit Lähmungen zu kämpfen.

23.08.1960: Ich hatte einen schweren Unfall: Ein Bindemäher (Vorläufer des Mähdreschers) schnitt mir beide Beine fast vollständig ab und im Schock dachte damals niemand daran, dass beide Beine sofort abgebunden werden müssten. Das Blut spritzte anfangs meterweit. Niemand im weiten Umkreis hatte damals ein Auto oder ein Telefon. Ohne Auto und ohne Telefon dauerte es nun ca. 2 ½ Stunden, bis ich im Vorraum des OP des Krankenhauses in Burgau landete. Wie ich erst viel später erfuhr, überlebt maximal einer von 10.000 Menschen einen so hohen Blutverlust.

Ein ausführlicher Bericht zu diesem Unfall und zu den Folgen für den Rest meines Lebens (und wie ich mit den Folgen umging) folgt in Kapitel 1.

01.04.1968: Ullapool, Schottland. Auf einem ca. 12 Meter langen Hummer-Fangboot gerieten wir weit draußen auf dem Atlantischen Ozean in einen Sturm mit Windstärke 11. Das Schiff drohte mehrmals im ca. 10-12 Meter hohen Wellengang zu kentern. Mehrere Schiffe sind in diesem Sturm auch tatsächlich untergegangen und es gab viele Tote. Mehr dazu in Kapitel 2.

13.05. - 15.05.1968: Von Aberdeen aus durfte ich mit einem Herings-Fangboot in die offene Nordsee Richtung Island mitfahren. Ich wurde schrecklich seekrank. Mehr dazu ebenfalls in Kapitel 2.

01.09.1969: Unfall bei einem Streckentauch-Versuch über 75 Meter. Ich lag mehre Minuten lang in ca. 3 Meter Tiefe bewusstlos im Wasser. Nach ca. 20-minütiger künstlicher Beatmung und Herzmassage wurde ich für tot erklärt und das Rettungsteam entfernte sich, um auf den Notarzt zu warten. Ein Student sollte so lange auf mich achten.

In dieser Situation hatte ich ein Nahtoderlebnis. Alles Nähere dazu und zum Verlauf und den Symptomen samt Spätfolgen siehe Kapitel 3.

20.07.1976: Ein telepathischer Traum vom Tod eines Kletterfreundes, der beim Abstieg vom Matterhorngipfel infolge eines ausbrechenden Felsblocks in die Tiefe stürzte und keinerlei Überlebenschance hatte. Mehr dazu siehe Kapitel 4.4.

15.08.1981: Kletterunfall in etwa der Mitte der Badile-Nordost-Wand. Ausführliche Schilderung siehe Kapitel 5.1 (u. a. telepathisches Erlebnis).

25.08.1983: Nachricht per Post vom tödlichen Spaltensturz von Dr. Prystav beim Abstieg vom Mont-Blanc-Gipfel. Dr. Prystav betreute gemeinsam mit Prof. Dr. Fahrenberg meine

Diplomarbeit und es verband uns darüber hinaus auch eine Kletterfreundschaft. Sein Tod machte mich sehr traurig.

23.04.1984: Kletterunfall am Zuckerhut/Donautal bei Beuron (Altweiberroute, Schwierigkeit VII-). Nach einem Felsausbruch an einem Überhang stürzte ich nach Hakenausbrüchen immer mit dem Kopf voran ca. 30 Meter in die Tiefe. Nach ca. 15 Metern freien Falls schlug ich auf ein nach unten geneigtes Felsband auf. Dabei erlitt ich u. a. eine offene Radius-Trümmerfraktur des linken Handgelenks mit Entwicklung einer Sudeck'schen Dystrophie 3. Grades, die damals noch nicht heilbar war. Somit stand fest: Klettern würde mir für alle Zukunft nicht mehr möglich sein. Näheres dazu und wie ich es dennoch geschafft habe, durch eine selbst entwickelte Therapie wieder große und schwierige Wände durchsteigen zu können, lege ich in Kapitel 5.2 dar.

07.08. - 10.08.1986: Durchsteigung des Walkerpfeilers an der Grandes Jorasses Nordwand (Mont-Blanc-Massiv) unter schwierigen Bedingungen und unter hoher Lebensgefahr. Ein Hellseh-Erlebnis war es, welches damals unser Leben rettete. Der Walkerpfeiler gehört mit der Eiger-Nordwand und der Matterhorn-Nordwand zu den drei ganz großen Nordwänden der Alpen, die sich durch ihre sehr große Höhe, Schwierigkeit und Gefährlichkeit auszeichnen (siehe Kapitel 5.4).

16.02.1988: Tod meiner Mutter, verbunden mit einem »paranormalen« Erlebnis. Mehr dazu in Kapitel 6.

17.05.1992: Tod meines Vaters im Alter von 91 Jahren.

05.01.1993: Verkehrsunfall mit den schlimmsten Folgen für mich und für mein weiteres Leben: meine 8-jährige Tochter Silvia und meine 40-jährige Ehefrau kamen damals ums Leben. Dazu mehrere paranormale Ereignisse. Für mich hatte dieser schreckliche Verkehrsunfall u. a. eine posttraumatische Belastungsstörung zur Folge. Ausführliche Schilderung des Unfalls, der paranormalen Ereignisse und meines Verhaltens in der Folgezeit unter Kapitel 7.

06.01.1999: Tödlicher Fahrrad-Unfall meines Freundes Peter Flämig. Peter war Vorsitzender Richter am Verwaltungsgericht in Sigmaringen. Mit mir gemeinsam betrieb er Rennrad- und Klettersport. Wir waren oft gemeinsam beim Klettern in den Alpen und im Donautal. Er hatte mich nach meinem Unfall von 1993 mehrmals im Krankenhaus in Donaueschingen und Schwenningen besucht. Sein Tod war für mich sehr schockierend. Im Rahmen meiner posttraumatischen Belastungsstörung war Peter für mich eine wichtige Stütze, die nach seinem Tod leider weggebrochen war.

28.07.2002: Manfred Mattes verunglückte schwer mit dem Rennrad, wurde mit dem Hubschrauber nach Ulm geflogen, wo ihm eine Woche lang nur noch eine sehr geringe Überlebenschance eingeräumt wurde. Manfred lebt seither mit einer 100-prozentigen Behinderung. Er war gemeinsam mit Peter Flämig mein bester Freund in Sigmaringen.

15.04.2004: Tod meines Bruders Reinhard durch Darmkrebs.

17.10.2010: Tod meines Bruders Manfred infolge einer Embolie.

25.05.2011: Gleitschirmunfall am Weiherkopf/Bolsterlang bei Oberstdorf. Beim Landeanflug geriet ich in eine Sturmbö und prallte mit mehr als 30 km/h Vorwärtsgeschwindigkeit und mehr als 4 m/s Sinkgeschwindigkeit gegen einen Grashang – zuerst mit den Füßen und dann mit dem Kopf. Resultat: Innenknöchelfraktur rechts und kurze Bewusstlosigkeit (siehe Kapitel 8.4).

26.06.2014: Ein 17-minütiger Kampf auf Leben und Tod beim Gleitschirmfliegen, nachdem ich zuvor von einer Wolke angesaugt worden war. Näheres hierzu in Kapitel 8.4.

Kapitel 1: Der Unfall vom 23.08.1960

Im Alter von 12 Jahren musste ich bei der Getreideernte mithelfen. Es ging um den letzten Rest Getreide auf dem entferntesten Feld meiner Eltern, die zum 11.11.1954 von der Bayerischen Landessiedlung ein landwirtschaftliches Anwesen in einem Moorgebiet bei der Marktgemeinde Jettingen erhalten hatten.

Das noch nicht geerntete Getreide war von einem Unwetter flachgedrückt worden. Dadurch verstopfte nun ständig das Mähmesser. Meine Aufgabe bestand darin, neben der Maschine herzulaufen und dann zwischen Haspel und Schnittmesser zu klettern, um die Verstopfungen abzuräumen. Als mein Bruder Gernot (19 Jahre alt), der den Traktor fuhr, sah, dass ich den Gefahrenbereich verlassen hatte, versuchte er die Zapfwelle einzuschalten, um den Bindemäher wieder in Betrieb zu schalten. Ich bemerkte aber plötzlich, dass ich einen kleinen Teil der Verstopfung übersehen hatte und kroch nochmals zwischen Haspel und Messer, als die Maschine bereits zu laufen begonnen hatte – die Haspel drückte mich jetzt sofort gegen das Mähmesser. Mein Bruder Franz (15 Jahre alt), der auf dem Bindemäher saß, um diesen zu bedienen, schrie laut und Gernot drückte sofort die Kupplung, wodurch der Bindemäher umgehend wieder abgeschaltet war. Die Haspel hatte mich also gegen das Schnittmesser gedrückt mit der Folge, dass beide Füße im nächsten Moment fast völlig abgeschnitten waren. Der linke Fuß hing nur noch an der unverletzten Achillessehne – am rechten Fuß verlief die Schnittverletzung fast komplett durch das Fußgelenk! Mein Blut spritzte mit jedem Herzschlag mehrere Meter weit. Gernot hängte sofort den Bindemäher ab, nahm mich in seine Arme und setzte sich auf den Beifahrersitz des Traktors. Franz brachte uns mit dem Traktor nach Hause. Es ging über den holprigen Acker und dann über einen mit Schlaglöchern versehenen Feldweg. Beide Füße baumelten an der jeweiligen Achillessehne und ich schrie immer wieder: »Fahr nicht so schnell, sonst verliere ich meine Füße!«

Meine Mutter war schockiert, als sie uns blutüberströmt vor der Haustür erblickte. Ich wurde im Zimmer auf das Sofa gelegt. Das Zimmer war bald gefüllt mit Vater, Mutter, Brüdern und Nachbarn. Alle weinten bitterlich, nur ich weinte nicht. Und niemand besaß ein Telefon oder ein Auto, um die Rettung zu verständigen. Franz fuhr schließlich mit dem Fahrrad zu einer ca. 1 km entfernten Weberei, von wo aus die Rettung telefonisch verständigt wurde. Die Retter waren damals in Burgau alle ehrenamtlich tätig und übten andere Berufe aus. Von ihrer Arbeitsstelle aus mussten sie also erst mal mit dem Fahrrad zum Krankenhaus fahren, um dort dann den Rettungswagen abzuholen. Schnell fahren war wegen der vielen Schlaglöcher nicht möglich. Als sie endlich ankamen, erschraken sie darüber, dass meine Beine nicht abgebunden waren – im Schock hatte niemand daran gedacht. Meine Mutter war pausenlos damit beschäftigt, das Blut, das unter dem Sofa hervorlief, mit dem Putzlumpen aufzuwischen. »Jetzt brauchen wir auch nicht mehr abbinden, denn es kommen ja nur noch wenige Tropfen«, bemerkte einer der beiden Retter.

Wegen der schlimmen Schlaglöcher ging es nur in langsamer Fahrt bis zum Krankenhaus, wo ich ca. 2 ½ Stunden nach dem Unfall endlich in den Vorraum des OP geschoben wurde. Dort erschraken die OP-Schwestern, als ich ihnen eine Frage stellte. Die Oberschwester sagte zu ihrer Kollegin: »Um Gottes Willen, der Junge ist ja gar nicht bewusstlos, der Unfall war doch schon vor 2 ½ Stunden, schnell, gib ihm eine Äthernarkose, damit er nicht so leiden muss.« Ich bekam die Äthermaske und begann zu zählen. Als ich etwa bei der Zahl 5 angekommen war, sah ich einen Arzt im weißen Kittel an mir vorbeigehen und wollte ihm unbedingt eine Frage stellen. Der Versuch, mir die Narkosemaske vom Mund zu reißen misslang aber, weil meine Hände angeschnallt waren. Ich rief laut: »Herr Doktor, Herr Doktor« – der Arzt bat die Schwester, mir die Maske abzunehmen und ich konnte meine Frage stellen, die für den Rest meines Lebens entscheidend sein sollte: »Gell Herr Doktor, in 4 Wochen kann ich doch wieder Fußball spielen?« – »Du wirst auf jeden Fall wieder Fußball spielen können« – war seine Antwort.

Wie ich viel später erfuhr, galt das Zusammenflicken der Füße seinerzeit als ärztlicher Kunstfehler und auch in Universitätskliniken wäre damals nur eine Amputation beider Füße in Frage gekommen, weil die übergroße Gefahr einer Sepsis bestand, welche dann auch in den meisten Fällen tödlich endete. Ein rostiges und schmutziges Messer hatte meine Füße fast vollständig abgemäht und ich lag danach im Ackerdreck. Der Chirurg, der meine Füße in einer 11-stündigen Operation zusammengenäht hatte, ging im Falle einer tödlich verlaufenden Sepsis das Risiko eines späteren Ermittlungsverfahrens durch die Staatsanwaltschaft ein. Später erzählte mir der Arzt, er sei fest entschlossen gewesen, beide Füße zu amputieren. Meine Frage, ob ich wieder Fußballspielen könne, obwohl ich nach 2 ½ Stunden fast vollständig ausgeblutet und trotzdem noch am Leben war, habe ihn jedoch so sehr gerührt, dass ihm Tränen in die Augen gestiegen seien und er sich gesagt habe: »Wenn dieser Junge in seiner aktuellen Situation eine solch optimistische Überzeugung hat, dann muss ich alles riskieren, um seine Beine zu retten!«

Der Arzt hatte in der ca. 8000 Einwohner zählenden Stadt Burgau eine private Arztpraxis und war nebenbei Chefarzt in der chirurgischen Abteilung des relativ kleinen Krankenhauses. Als Arzt auf den Schlachtfeldern des Zweiten Weltkriegs war er mit der Behandlung von Schwerverletzten bestens vertraut.

Für mich folgten 10 Wochen stationäre Behandlung. Beide Beine waren eingegipst und auf Braun'schen Schienen hochgelagert, deshalb musste ich 24 Stunden pro Tag in Rückenlage festgebunden verbringen – und das mehr als zwei Monate lang. Es war eine große Qual.

Ich hatte nun plötzlich viel Zeit, über mich, über die Vergangenheit und vor allem über meine Zukunft nachzudenken: Ich hatte mich während der vergangenen zwei Jahre zu einem Problemkind entwickelt, bin damals oft nach der Schule einfach nicht mehr nach Hause gegangen. Um der vom Vater angedrohten Prügelstrafe zu entgehen, kam ich oft erst gegen Mitternacht nach Hause, wenn meine Eltern bereits schliefen. Ich wusste, mein Vater würde mich nur im Affekt verprügeln, aber nie, wenn er mich am Morgen schlafend im Bett liegen sehen würde. Die Eltern rätselten damals nur, wie ich ins Haus gekommen sein konnte, denn alle Türen und Fenster waren verschlossen. Ich fand aber immer einen Weg ins Haus. Meist bin ich am Blitzableiter hoch und dann über das Ziegeldach zu einem Dachfenster geklettert, das ich aufdrücken konnte, weil ich immer vor der Schule prophylaktisch den Fensterriegel entsperrt hatte.

Für mein damaliges Verhalten gab es einen Grund: Als meine Familie den Bauernhof am 11.11.1954 bezogen hatte, hatten wir fast keine Maschinen. Helfer konnte sich mein Vater finanziell nicht leisten. Also mussten wir (mein Bruder Franz und ich) zu Hause täglich schwere Arbeiten verrichten, oft bis spät in die Nacht, so dass manchmal für das Verrichten von Hausaufgaben keine Zeit mehr verblieb. Mein ältester Bruder Manfred lebte in Nordrhein-Westfalen, wo er die Ingenieurschule besuchte. Reinhard war Lehrling im Raum Tübingen, wo er sich als Zwanzigjähriger selbstständig gemacht hatte. Gernot lebte in Dillingen, wo er die Realschule absolviert hatte, danach studierte er an der Ingenieurschule in Augsburg. Wilfried machte eine Lehre in Maschinenbau in Günzburg. Mir wurde im Verlauf der Zeit die Arbeit zu Hause zu viel. Außerdem liebte ich die Freiheit und wollte mit Klassenkameraden nach der Schule Fußballspielen oder eine nahegelegene Wildnis durchstreifen (und vieles mehr). Das Mittagessen entfiel oft und ich wurde untergewichtig. – Und dann kam dieser 23. August 1960, ab dem sich mein Leben ganz drastisch ändern sollte.

Der Burgauer Stadtpfarrer hatte mich wöchentlich im Krankenhaus besucht und mir aus »Winnetou Band I« vorgelesen, danach habe ich ein Karl-May-Buch nach dem anderen gelesen, welches mir der Pfarrer immer gebracht hatte. Insgesamt las ich ca. 60 Bände. Winnetou wurde mein Vorbild und zusammen mit der intensiven gedanklichen Beschäftigung mit meinem bisherigen Leben fasste ich den Entschluss, mich in meinem künftigen Leben nur noch für das »Gute« einzusetzen und nie wieder etwas »Böses« zu tun. Der Unfall hatte mich also völlig verändert.

Weil ich immer wieder darum bettelte, wurde ich nach 10 Wochen endlich nach Hause entlassen. Obwohl ich noch kaum gehen konnte und beide Füße noch sehr dick geschwollen waren, wollte ich gleich nach meiner Ankunft zu Hause mit dem Fahrrad fahren. Das Aufsteigen und Absteigen war nur mit Hilfe meines Bruders Franz möglich, der auch im Dauerlauf neben mir herlaufen musste. In der Folgezeit erhielt ich dann ambulante Krankengymnastik und begann schon bald, längere Spaziergänge zu unternehmen. Dabei versuchte ich schon sehr früh, mit Joggen zu beginnen, auch wenn ich anfangs nur zehn Meter weit joggen konnte. Doch bald konnte ich sogar Waldläufe machen. Nach jedem Waldlauf kam ich mit dick geschwollenen Füßen zu Hause an und konnte dann wegen heftiger Schmerzen zwei bis drei Stunden lang nicht mehr auftreten. Eine Tante, die zu Besuch war, schimpfte mit mir: »Der Arzt hat sich so große Mühe gegeben und du machst jetzt mit deinem übertriebenen Laufsport alles wieder kaputt.« Sie brachte mich deshalb zum Hausarzt, der die Meinung meiner Tante teilte. Obwohl erst 12 Jahre alt, war mir aber eines klar: Ich muss trotz großer Schmerzen weiterhin Waldläufe machen, sonst würde ich zum Krüppel werden. Jahre später bestätigten alle Ärzte, denen ich meine Unfallgeschichte erzählt hatte, ich hätte alles richtig gemacht. Sie alle teilten mir später aber auch mit, dass maximal einer von 10.000 Menschen einen so hohen Blutverlust überleben würde (bei mir wurden die Beine nicht abgebunden, fast alle Blutgefäße der Beine waren abgeschnitten und die

Dauer der Blutung betrug ca. 2 ½ Stunden). In einer medizinischen TV-Doku 2023 wurde über die Wichtigkeit des Abbindens berichtet: Schon eine Durchtrennung z. B. einer Unterarmvene würde unabgebunden nach 30 Minuten bei etwa 80 % der so Verletzten zum Tode führen.

Eine Woche nach meinem Unfall hätte ich nach bereits bestandener Aufnahmeprüfung die Realschule in Burgau besuchen sollen, was nun unfallbedingt nicht mehr möglich war. Ich beschloss, die Volksschule in Jettingen regulär zu beenden. Wegen Nachoperationen an beiden Füßen musste ich mich nochmals in stationäre Behandlung begeben (chirurgisch-orthopädische Klinik in Augsburg-Göggingen, stationär vom 14.05. bis 15.11.1962 und 12.12. bis 22.12.1962). Zuerst wurde der rechte Fuß operiert, der wenige Tage später jedoch wegen eitriger OP-Narben nochmals nachoperiert werden musste: Eine Fadenrolle war versehentlich mit eingenäht worden. Beim Erwachen aus der Narkose machte ich eine Drehbewegung (von Rückenlage in Bauchlage) und fiel aus meinem Bett, weil ich nicht angeschnallt war. Dabei schlug ich mit der Stirn auf einer Trinkflasche auf, die neben dem Bett auf dem Boden stand und danach war ich zwei Stunden lang nicht mehr ansprechbar. Ich hatte mir damals eine äußerst schwere Gehirnerschütterung zugezogen und zusätzlich war der Gips des frisch operierten Fußes gebrochen. Auch die OP des linken Fußes verlief etwas ungewöhnlich: Die Narkosespritze in den rechten Unterarm hatte nicht gewirkt. Daraufhin erhielt ich in die Vene des linken Armes eine zweite Narkosespritze, die aber auch wieder keine Wirkung zeigte. Daraufhin bekam ich eine Äthernarkose, die nun sehr lange Zeit benötigte, bis sie endlich wirkte, so dass ich mich wegen Luftmangels heftig aufbäumte, weil ich glaubte, ersticken zu müssen.

Nach der OP machten sich die Ärzte Sorgen, weil es sehr lange gedauert hatte, bis ich im Aufwachraum wieder mein Bewusstsein erlangt hatte.

Doch nun zu den unfallbedingten Folgen, insbesondere bezüglich meiner Berufswahl. Ich wollte in Augsburg das Fernmeldehandwerk erlernen, was aber trotz bestandener Aufnahmeprüfung zunächst nicht möglich war – ein ärztliches Gutachten stand im Weg. Dieses Gutachten besagte, dass ich wegen meiner Unfallfolgen keine schweren Lasten tragen könne, nicht länger als zwei Stunden stehen dürfe und auf keinen Fall mit Steigeisen auf einen Mast klettern könne. Ich solle doch einen Büro-Job erlernen, was ich aber nicht wollte. Auf Anraten meines Bruders Gernot bewarb ich mich erneut beim Fernmeldeamt, aber in Ulm, wo ich nach einem persönlichen Gespräch mit dem Ausbildungsleiter zur Aufnahmeprüfung zugelassen wurde, die wenige Tage nach diesem Gespräch für ein paar Nachzügler stattfand. Mir wurde aber nur eine geringe Chance eingeräumt, denn von den ca. 150 Bewerbern konnten nur 50 die Lehre beginnen. Ich bestand zwar die Aufnahmeprüfung, aber jetzt stand noch die ärztliche Begutachtung aus. Ich erzählte dem Arzt (Obermedizinalrat und Leiter des staatlichen Gesundheitsamtes Neu-Ulm) meine Vorgeschichte und natürlich zeigte ich ihm das letzte ärztliche Gutachten. Ich widersprach den gutachterlichen Aussagen mit meiner Behauptung: »Ich kann schwere Lasten tragen (auf dem väterlichen Bauernhof trage ich zentnerschwere Kartoffel- und Getreidesäcke), ich bin tagsüber kaum sitzend tätig, mache sogar mehrmals wöchentlich Waldläufe und niemand in meinem Bekanntenkreis kann so hoch auf Bäume klettern wie ich.« Der Gutachter meinte: »Aus medizinischer Sicht kann ich mir nicht vorstellen, dass du mit diesen Füßen mit Steigeisen auf einen Mast klettern kannst« (bei Spitzfußstellung, weitgehender Unbeweglichkeit der Fußgelenke und Unfähigkeit, beim Gehen die Fersen zu belasten). Tief enttäuscht sagte ich dann: »Wenn ich wieder abgelehnt werde, dann werde ich Deutschland verlassen und nach Kanada auswandern, um dort als Waldarbeiter zu arbeiten.« Der Arzt bekam feuchte Augen und meinte, er wolle nicht mein Leben zerstören, deshalb schreibe er mich für diesen Beruf tauglich, obwohl er sich nicht vorstellen könne, dass ich mit Steigeisen auf einen Mast klettern könnte und diese Behinderung würde sich mein Leben lang nicht mehr bessern ... Niemand konnte sich also vorstellen, dass mit dieser Behinderung Klettern mit Steigeisen auf einen Mast möglich sei.

Dank der positiven Beurteilung des Obermedizinalrats konnte ich meinen Traumberuf im Fernmeldehandwerk jetzt also erlernen. Als ich dann im Freileitungsbau eingesetzt wurde, hatten wir es einmal mit einem äußerst schwierig zu besteigenden Mast zu tun: Von zwei Seiten zog sich ein Kabelschutzeisen und von einer dritten Seite ein verzinktes Blitzableiter-Stahlband nach oben und wir mussten ein schweres Gewitter im VW-Bus abwarten. Nach dem Gewitter versuchte unser Ausbilder uns Lehrlinge – einen nach dem anderen – auf den glitschig-nassen Mast hoch zu schicken, um ganz oben die restlichen Drähte anzuschließen, doch niemand kam mehr als zwei Meter hoch, alle rutschten gleich wieder nach unten. Nach dem dritten Lehrling brach der Ausbilder das Unternehmen ab: »Schluss, wir machen Feierabend und müssen dann morgen Früh nochmals hierher fahren« (von Ulm nach Aalen). »Aber ich möchte es auch noch versuchen«, sagte ich. Seine Antwort: »Wenn es keiner von deinen drei Kameraden geschafft hat, dann wirst du es mit deinen kaputten Füßen schon dreimal nicht schaffen.« Das hat mich sehr verletzt und ich habe heimlich hinter dem Auto die Steigeisen angezogen und bin problemlos den Mast hochgeklettert, habe die Drähte angeschlossen und bin völlig sicher wieder nach unten geklettert. Meine Kameraden haben mich gelobt, aber der Ausbilder hat getobt: »Das wird Folgen haben, dass du meine Dienstanweisung missachtet hast.« Gleich am nächsten Morgen wurde ich zum Ausbildungsleiter bestellt, der mich darüber aufklärte, dass das Zuwiderhandeln gegen die Anweisung eines Vorgesetzten eine Abmahnung zur Folge hat, mit Kündigung im Wiederholungsfall. Der Ausbildungsleiter hat mir aber nonverbal signalisiert, dass er sehr stolz auf mich sei, weil er wusste, dass ich diese Lehre schon deshalb nicht hätte machen dürfen, weil ich aus ärztlicher Sicht auf keinen Fall mit Steigeisen auf einen Mast klettern könne. Und jetzt war ich unter extrem schwierigen Bedingungen sogar der Einzige, der diese Aufgabe bewältigt hatte …

Nach meinem Unfall von 1960 war ich überzeugt, dass nur sportliches Training mehrmals wöchentlich eine schwere körperliche Behinderung abwenden und meine Lebensqualität verbessern könne. In Ulm trat ich dem SSV bei und ging zweimal wöchentlich zum Schwimmen und zweimal wöchentlich ins Leichtathletiktraining. Am Wochenende machte ich dann immer noch einen Waldlauf. In den Jahren nach meiner Ulmer Zeit entdeckte ich weitere Sportarten, über die ich in späteren Kapiteln berichten werde. Sport sollte für mich für den Rest meines Lebens eine wichtige Rolle spielen und meine Behinderung weitgehend unbedeutend machen.

Nach 3 ½ Jahren Lehre (01.05.1963 bis 31.10.1966) habe ich diese sogar als Lehrjahres-Bester abgeschlossen. Nebenbei habe ich immer samstags einen zweijährigen Aufbaulehrgang besucht, mit dem Ziel, die Mittlere Reife über den zweiten Bildungsweg zu erwerben. Damit wollte ich die Ingenieurschule besuchen, mit dem Ziel, Fernmeldeingenieur zu werden.

Doch es sollte anders kommen. Nach dem Erwerb der Mittleren Reife (15.02.1968) erfuhr ich von der Möglichkeit, am Bayernkolleg in Augsburg das Abitur über den Zweiten Bildungsweg machen zu können. Meine Eltern hätten mich zwar finanziell nicht unterstützen können, weil sie wegen des Bauernhofs hoch verschuldet waren, aber ich bezog ja eine kleine Unfallrente wegen 20-prozentiger Behinderung (am 01.07.1997 wurde ich auf 30 % Behinderung hochgestuft, wegen zunehmender Metatarsalgie-Beschwerden, also starken Vorfußschmerzen). Die Unfallrente habe ich mir dann als Abfindung auszahlen lassen. Mit diesem Geld nun konnte ich meinen Lebensunterhalt nach bestandener Aufnahmeprüfung für die folgenden zweieinhalb Jahre bis zum Abitur bestreiten. Durch sparsame Lebensweise und kleine Nebenjobs (u. a. Nachhilfeunterricht) benötigte ich keine finanzielle Unterstützung durch meine Eltern.

Doch eineinhalb Jahre vor meiner Abiturprüfung hatte ich einen Unfall mit lebenslangen Folgen. Näheres hierzu in Kapitel 3.

Kapitel 2: Großbritannien 1968 und der Sturm auf hoher See

Zwischen Abschluss der Mittleren Reife am 15.02.1968 in Ulm und dem Beginn des Bayernkollegs in Augsburg am 01.10.1968 hatte ich rund sieben Monate Zeit. Drei Monate dieser Zeit habe ich in England gelebt, um mich mit der englischen Sprache vertraut zu machen. Eine in Jettingen verheiratete Engländerin sorgte dafür, dass ich bei ihren Eltern in High Ercall Hall/ Shropshire (Nähe Birmingham), kostenfrei wohnen konnte. Von hier aus unternahm ich per Anhalter Reisen durch England, Schottland, Irland und Wales. Übernachtungen fanden in der Regel in Jugendherbergen statt.

Am 01.04.1968 durfte ich von Ullapool (Schottland) mit einem ca. 12 Meter langen Hummer-Fangboot in die offene See des Atlantischen Ozeans mitfahren. Außer mir und dem Skipper waren noch zwei weitere Mitarbeiter des Kapitäns an Bord. Als wir kurz vor 15:00 Uhr begannen, den von der Küste am weitesten entfernten Hummerfang einzuholen, legte plötzlich ein starker Sturm los, der vom Radio erst für 17:00 Uhr angekündigt worden war. Der Sturm kam also zwei Stunden früher und nicht mit der prognostizierten Windstärke 7, sondern mit Windstärke

11 und darüber hinaus als eisiger Schneesturm. Die Wellenhöhe stieg rasch auf 10 bis 12 Meter an. Der Sturm kam von Nord, wir aber mussten nach Osten fahren. Dies bedeutete häufige, höchstgefährliche Kreuzmanöver. Ich musste mich mit beiden Armen am Mast festhalten, der mehrmals fast waagrecht stand, so dass meine Füße vom Boden wegrutschten und ich frei mit den Armen am Mast hing – mit den Füßen dicht über der tobenden Wasseroberfläche. Eine wuchtige Wasserwelle nach der anderen ergoss sich über mich und das Deck und spülte alles von Bord, auch unseren gesamten Hummerfang, soweit er sich noch auf Deck befand. Gegen 20:00 Uhr erreichten wir endlich den sicheren Hafen von Ullapool, nach fünfstündigem Überlebenskampf auf See. Der Skipper erzählte mir am Tag danach, er habe noch nie einen ähnlich starken Sturm auf dem Meer erlebt und die Chance zu überleben sei wirklich sehr gering gewesen. Mehrere Fischerboote seien bei diesem Sturm untergegangen und es habe mehr als 60 Tote gegeben.

All das hat mich nicht daran gehindert, am 13.05.1968 mit einem Hering-Fangboot von Aberdeen aus erneut in See zu stechen. Mir wurde bei der Abfahrt gesagt, ich müsse mit 8 bis 10 Tagen rechnen, bis das Schiff mit Heringen vollgeladen sei. Erst dann werde es wieder nach Aberdeen zurückkehren. Als die Fangnetze ausgeworfen wurden, begann das Schiff mit stark rollenden Bewegungen und ich wurde seekrank: Starke Übelkeit mit Erbrechen und 45 Stunden nichts mehr essen und fast nichts trinken können – das waren die Folgen. Mein Glück: Der Fischfang war so erfolgreich, wie seit vielen Jahren nicht mehr, so dass wir am 15.05.1968 wieder in Aberdeen anlegen konnten. Wieder an Land wurde mir gesagt, dass ich einen dritten Tag mit dieser extremen Seekrankheit – noch dazu ohne Essen und fast ohne Trinken – wohl nicht überlebt hätte.

Am 01.06.1968 verließ ich England und fuhr über Paris nach Hause. In Frankreich war aber gerade die »68er-Revolution«. Die Polizei nahm mir meinen Pass ab. Es fuhr kein Zug, keine Metro, kein Bus und es gab kein Benzin. Fünf Tage später war ich wieder zu Hause in Jettingen. Vier Wochen später war die Aufnahmeprüfung am Bayernkolleg. Nach der Aufnahmeprüfung arbeitete ich noch drei Monate als Werkstudent beim Fernmeldeamt in Ulm. Am 01.10.1968 begann dann meine Zeit am Bayernkolleg mit dem Ziel Abitur.

Mein wichtigstes Fazit zu meinem dreimonatigen England-Aufenthalt: Alle Engländer, Schotten, Iren und Waliser, denen ich begegnet bin, waren unglaublich freundlich und zuvorkommend mir gegenüber, das werde ich ihnen nie vergessen. Die Briten sind mir seither äußerst sympathisch! Das gilt auch für Angehörige anderer Nationen, denn ich bin in meinem Leben vielen Menschen aus allen Kontinenten begegnet.

Kapitel 3: Nahtoderlebnis nach Unfall beim Streckentauchen

Um meine französischen Sprachkenntnisse zu verbessern, besuchte ich vom 31.08. bis 13.09.1969 im Rahmen des Deutsch-Französischen Jugendwerks einen Kurs »Connaissance de la France« in Samoens, nordwestlich des Mont-Blanc-Massivs. Am 1. September gingen wir zum Schwimmen ins Freibad. Dabei kam mir die Idee, ich könnte einmal testen, wie viele Meter ich unter Wasser schwimmen könnte. Ich wusste, dass ich ein großes Lungenvolumen habe und schon einmal auch ohne Training 50 Meter geschafft habe. Ich bat Christoph G., einen Frankfurter Studenten, mich aus Sicherheitsgründen dabei zu beobachten. Nach der zweiten Wende im 25-Meter-Becken ging es mir noch so gut, dass ich beschloss, wenigstens 75 Meter weit zu tauchen. Circa zwei Meter vor Ende der dritten Bahn wollte ich aus drei Metern Tiefe nach oben schwimmen und es bei 75 Meter Tauchstrecke belassen. Laut Augenzeugen hätte sich mein Kopf schon bis auf wenige cm der Wasseroberfläche genähert gehabt, als ich schlagartig aufgehört hätte, mich zu bewegen und ich sei fast wie ein Stein auf den Boden des Schwimmbeckens abgesunken, wo ich in 3 Meter Tiefe nur noch Wasser ein- und ausgeatmet hätte.

Christoph schlug sofort Alarm und der Bademeister, der zugleich Rettungssanitäter war, kam angerannt und versuchte mich aus dem Wasser zu ziehen, was mehrmals misslang: Einen bewusstlosen Mann mit wassergefüllten Lungenflügeln aus drei Metern Tiefe zu bergen, ist für einen Retter allein unmöglich, weil es zu schwierig ist, mit dieser auftriebslosen Last einarmig nach oben zu schwimmen. Meinem Retter ging dabei selbst die Luft aus, weshalb er mich mehrmals loslassen musste, um einerseits oben wieder Luft zu holen und andererseits weitere Helfer zu organisieren. So vergingen weitere Minuten, bis ich aus dem Schwimmbecken gezogen worden war und die Wiederbelebungsmaßnahmen beginnen konnten. Als sich nach ca. 20 Minuten künstlicher Beatmung und Herz-Druck-Massage immer noch keine Lebenszeichen zeigten, waren die Retter sicher, dass ich tot sei und baten Christoph, bei mir zu bleiben, bis der Notarzt eingetroffen sei, der dann nur noch den Tod attestieren müsse. Danach entfernten sich die Retter. Christoph berichtete mir später, er habe ständig auf meine Augen gestarrt. Die Pupillen seien weit geöffnet gewesen. Plötzlich sei ein kleiner Glanz in den Pupillen aufgetaucht. Er habe daraufhin einen 50-Meter-Sprint hingelegt und die Retter zurückgeholt, die sofort die Reanimation fortsetzten. Kurz bevor ich das Bewusstsein wiedererlangt habe, hatte ich dann ein Nahtoderlebnis.

Ich weiß nicht mehr genau, wie das Nahtoderlebnis begonnen hat. Meine Erinnerung jedenfalls beginnt damit, dass ich zusammen mit drei Wesen, die ich nicht kannte, von denen aber eine unbeschreibliche Liebe ausging, über eine wunderschöne Landschaft geschwebt bin. Mehrere Theologen, denen ich im Lauf der Jahre mein Nahtoderlebnis erzählt hatte, waren überzeugt, dass diese »Wesen«

Engel gewesen sein mussten. Deshalb werde ich sie auch als »Engel« benennen.

Während wir (die drei Engel und ich) über dieser wunderschönen Landschaft schwebten, hörte ich plötzlich viele Stimmen meinen Namen rufen. Ohne mich umdrehen zu müssen, sah ich hinter mir eine tiefe, unüberwindbare Schlucht und auf der anderen Seite der Schlucht standen meine Eltern, meine Brüder und einige Verwandte und Freunde, die weinend und verzweifelt meinen Namen riefen und mich baten, doch wieder zurückzukommen. Ich bat daraufhin die drei Engel, sie möchten doch kurz auf mich warten, ich müsse nur meiner Mutter sagen, dass es mir sehr gut gehe und dass sich niemand Sorgen um mich machen solle, wenn ich für längere Zeit nicht erreichbar sei. Einer der Engel sagte daraufhin zu mir: »Du hast jetzt die Wahl, entweder mit uns weiterzuziehen oder zurückzukehren. Was willst du? Du musst dich jetzt sofort entscheiden« – »Ich möchte unbedingt mit euch weiterziehen, in diesem wunderbaren Land.« – »Dann lass uns weiterziehen. Du musst aber wissen, dass du sofort wieder zurück musst, sobald du dich umdrehst. Und dann wird es sehr lange dauern, bis du wiederkommen darfst.« Wir schwebten weiter. Ich dachte an meine Mutter, die ich in meinen inneren Bildern verzweifelt weinen sah, weil sie mich für eine lange Zeit nicht mehr sehen würde und nicht wissen könnte, wo ich mich befinde. Mir wurde plötzlich klar, dass ich meiner Mutter solch einen Schmerz nicht zufügen könnte. Ich stand im Konflikt: Ich wollte unbedingt die wunderbare Reise mit den Engeln fortsetzen, um für mich Neuland zu entdecken, aber ich wollte auch nicht, dass meine Mutter für den Rest ihres Lebens traumatisiert wäre, weil sie ihren jüngsten Sohn verloren hatte. Dann kam mir der Gedanke:

Ich brauch doch nur den Kopf ganz kurz nach hinten wenden und rufen: »Mutti, mir geht es sehr gut!« Das tat ich dann auch und im selben Moment hörte ich ganz andere Stimmen: »Heinz, du hast 75 Meter getaucht!«

Ich war wieder zurück auf dieser Welt und ganz langsam kamen meine Erinnerungen zu Ort, Zeit, Personen und zu den Ereignissen zurück. Zuerst konnte ich hören und sehen. Den Körper konnte ich aber mehre Minuten lang noch nicht spüren und ich konnte auch kein Körperteil bewegen und somit auch nicht sprechen. Man hätte mit einem Messer auf mich einstechen können – ich hätte nichts gespürt. In diesem Zustand verblieb ich mehrere Minuten.

Nach einer gewissen Zeit konnte ich wieder sprechen und sogar gehen. Der Notarzt war inzwischen eingetroffen und führte eine medizinische Untersuchung durch. Alles sei ohne Befund, aber ich müsse mich noch ein paar Tage schonen und dürfe mich auf keinen Fall körperlich belasten. Dies wurde auch den Gruppenleitern meines Kurses (Stage) mitgeteilt. Einer meiner Kursmitglieder war Psychologiestudent. Er nahm mich zur Seite und fragte mich, ob ich vor dem Erwachen aus der Bewusstlosigkeit etwas erlebt oder irgendwelche inneren Bilder gehabt hätte, denn so etwas geschehe oft, wenn Menschen klinisch tot waren und wieder ins Leben zurückgeholt wurden. Man nenne dies ein Nahtoderlebnis. Ich fühlte mich aber zu diesem Zeitpunkt noch zu schwach, um über meine Erlebnisse zu berichten. Ich verneinte seine Frage und dachte, ich könne ihm ja später in geeigneter Situation darüber berichten. Doch dazu sollte es nicht mehr kommen.

Für die nächsten beiden Tage stand eine Bergwanderung auf dem Programm, mit Übernachtung auf zwei verschieden Berghütten (Hütte 1 für die leistungsschwächere und

Hütte 2 in größerer Höhe für die leistungsstärkere Gruppe). Ich durfte auf ärztliches Anraten nicht mitgehen, sollte als einziger in der gastronomischen Unterkunft bleiben. Der Küchenchef versprach aber, mich mit bester französischer Küche zu verwöhnen.

Am nächsten Morgen bat ich die Kursleiter, mich der Bergwandergruppe anschließen zu dürfen, denn ich fühlte mich wieder wohl und kräftig. Nach langer Diskussion gaben sie schließlich ihr Einverständnis, aber nur für die Teilnahme an der leistungsschwächeren Gruppe 1. Als wir Hütte 1 erreicht hatten, erzählte mir ein Teilnehmer von Gruppe 2, er sei mit den Kräften am Ende und werde es somit nicht mehr bis zur oberen Hütte schaffen. Mir ging es indessen sehr gut und wir tauschten deshalb einfach unsere Gruppenzugehörigkeit. Erst als wir auf der oberen Hütte angekommen waren, bemerkten die Gruppenführer, dass ich plötzlich der leistungsstarken Gruppe angehörte.

Doch nun zum weiteren Verlauf der Folgen des Tauchunfalls, die für mein ganzes Leben Bestand hatten. Nach der Rückkehr aus Frankreich begann wieder der Unterricht am Bayernkolleg. Jetzt bemerkte ich, dass etwas mit mir nicht stimmte. Als Klassenbester war ich in die Ferien gegangen und jetzt schrieb ich in jedem Englisch- und Französisch-Diktat nur noch die Note 6! Ich konnte oft nur drei bis vier Worte schreiben, alle anderen diktierten Worte waren einfach nicht mehr erinnerlich. Mein Französisch-Lehrer schrieb mir eine Ermahnung nach Hause. Meine Versetzung in die nächste Klasse sei wegen meiner schlechten Noten gefährdet. Ich solle endlich wieder zu Hause Vokabeln lernen. Vokabeln lernen war aber mit Beginn des neuen Schuljahrs plötzlich nicht mehr möglich. Ich ging zum Hals-Nasen-Ohren-Arzt. Das Gehör war ungestört. Der HNO-Arzt überwies mich zu einem Neurologen mit der Bitte, ein EEG durchzuführen. Im EEG fanden sich im Wachbewusstsein Delta-Wellen, die nur im Tiefschlaf vorkommen. Somit stand fest, dass ich als Folge eines langen Sauerstoffmangels eine linksseitige Hirnschädigung erlitten hatte. Der HNO-Arzt rief mich spät abends noch an und bat mich, in 15 Minuten in seine Praxis zu kommen. Er nahm sich über 1 Stunde bis nach 21:00 Uhr Zeit für mich und erklärte mir, dass durch den langen Sauerstoffmangel leider Hirnzellen abgestorben seien. Bei mir seien jene Hirnteile betroffen, die für das Kurzzeitgedächtnis zuständig sind, denn in Mathematik und Physik schrieb ich in den Klausuren weiterhin die Note 1. Durch Training des Kurzzeitgedächtnisses würden bisher brachliegende Hirnzellen allmählich die abgestorbenen Hirnzellen ersetzen. Dieser Prozess könne sich durchaus über 5 Jahre hinziehen. Der HNO-Arzt sprach mir viel Mut zu, wie es ein Psychotherapeut tun würde. Er hat mir unglaublich geholfen, was ich ihm auch nie vergessen werde. Und er sollte Recht behalten. Das Kurzzeitgedächtnis besserte sich zwar nur sehr langsam, aber immerhin konnte ich im Rahmen des täglichen Lernens für die Schule im Abiturzeugnis in Englisch und Französisch noch die Note 4 erzielen. Das Kurzzeitgedächtnis blieb aber lebenslang beeinträchtigt.

Ein weiteres Symptom des Tauchunfalls war ein Fatigue-Syndrom. Die Teilnahme am Nachmittagsunterricht war nicht mehr möglich, weil mir ständig die Augen zufielen. Mich plagte eine ständige Müdigkeit und ich musste täglich ca. 12 Stunden schlafen. Aufgrund eines ärztlichen Attests wurde ich bis zur Erreichung des Abiturs (31.03.1971) vom Nachmittagsunterricht befreit.

Das betraf aber nur das Fach Musik. Zur Musikklausur musste ich natürlich antreten. Ich las die Prüfungsfragen durch, konnte keine einzige beantworten und gab nach wenigen Minuten ein leeres Blatt ab. Im Abiturzeugnis bekam ich die Note 5 in Musik, weil ich beim Vorsingen (im Halbjahr vor meinem Unfall) meine gute Singfähigkeit zeigen durfte und dafür die Note 4 erhalten hatte. Da ich in den anderen Fächern gute Noten hatte, kam ich im Abiturzeugnis auf einen guten Gesamtnotendurchschnitt, der mir ein Universitätsstudium in allen Fachrichtungen ermöglichen würde.

Doch nun zu den Folgen des Tauchunfalls für Studium und berufliche Zukunft. Mein beruflicher Traum war die Raumfahrt und Weltraumforschung. Deshalb habe ich nach dem Abitur mit dem Studium der Physik und Astronomie an der Universität München begonnen (Sommersemester 1971). Danach wechselte ich auf die Technische Universität München, wo ich zwei Semester Mathematik und Physik studierte (Wintersemester 71/72 und Sommersemester 1972) mit dem Ziel, im Lehramt tätig zu werden. Während dieser drei Semester zeigten sich die unfallbedingten Folgen jedoch sehr massiv und ich beschloss, die Fachrichtung zu wechseln.

Ich unterzog mich nun im Rahmen der Studienberatung einer umfangreichen Testung einschließlich eines sehr guten Beratungsgesprächs. Mir wurde geraten, mich bei der Zentralstelle in Dortmund für das Fach Psychologie zu bewerben, weil bei mir eine starke Neigung und auch Eignung bestehe, anderen Menschen behilflich zu sein. In wenigen Tagen sei Bewerbungsschluss. Meine Bewerbung war erfolgreich und ich bekam einen Studienplatz im Fach Psychologie an der Universität Freiburg. Die Zeit meines

Studiums in Freiburg von Herbst 1972 bis Sommer 1979 war gekennzeichnet von zahlreichen Ereignissen und Veränderungen meines Lebens, von denen ich im nächsten Kapitel erzählen werde.

Kapitel 4: Freiburger Zeit – Klettern, Unfälle, Parapsychologie

4.1 Holprige Anfänge beim Klettern und in der Gewalt einer Meeresströmung

Das Klettern habe ich bei der Uni-Sportklettergruppe in Freiburg gelernt, obwohl ich mir noch kurz vor dem Erwerb der Mittleren Reife in Ulm »geschworen« hatte, nie wieder im Leben zu klettern. Was war rückblickend in Bezug auf den Klettersport geschehen?

1967 hatte ein Klassenkamerad in der Berufsoberschule in Ulm im Rahmen des Deutschunterrichts einen begeisternden Vortrag über das Klettern gehalten (er bekam dafür die Note 1,0). Ich habe ihn danach gefragt, ob er mich mal zum Klettern mitnehmen würde, was er sofort bejahte. Wir fuhren zu den Kletterfelsen bei Blaubeuren. Er zeigte mir, wie ich ihn beim Vorstieg mit der Schultersicherung sichern müsse (Sicherungsgeräte gab es damals noch nicht). Als er ca. 10 Meter nach oben geklettert war, versuchte er einen Haken zu schlagen, dabei kam ein Fuß ins Rutschen und er stürzte. Der Haken darunter hielt zwar, aber er war dem Boden schon sehr nahe, als das Seil endlich spannte und meine Schultersicherung einsetzte. Er schlug dennoch mit dem Kopf auf dem felsigen Untergrund auf, wenn auch infolge meiner Schultersicherung mit geringer Gewalt. Er war sofort bewusstlos und blutete am Kopf. Ich zog ihn zu einem Baum und lehnte ihn in sitzender Stellung an den Baum, um seine blutende Wunde hochzulagern. Als er nach wenigen Minuten wieder ansprechbar war, rannte ich den Berg hinunter, um meine Autoapotheke zu holen. Nachdem ich ihm einen Kopfverband angelegt hatte, stützte ich ihn beim Abstieg zum Auto und brachte ihn ins Krankenhaus, wo seine Wunde vernäht wurde. Danach konnte ich ihn nach Hause bringen. Ich fasste nach diesem Erlebnis den Entschluss, nie wieder im Leben klettern zu wollen. – Doch es sollte anders kommen.

Über die Deutsche Gesellschaft für internationalen Jugendaustausch e. V. lebte ich vom 20.07. bis 15.10.1971 in Kanada und in den USA. Kurz vor dem Rückflug von San Francisco nach Deutschland streifte ich noch mehrere Tage lang allein durch die Redwoods im Norden Kaliforniens, natürlich im weglosen Gelände. Am Abend des ersten Tages war der Weiterweg plötzlich versperrt. Links neben mir war ein reißender Fluss und vor mir eine ca. 50 Meter hohe, nahezu senkrechte Felswand. Um auf die Hochfläche für den Weiterweg zu kommen, gab es nur zwei Möglichkeiten: Die Felswand hochklettern oder einen Tagesmarsch zurückgehen, um dann auf die Hochfläche zu gelangen. Zurückgehen kam für mich nicht in Frage, weil dann die Lebensmittel ausgegangen wären. Ich wählte deshalb das Hochklettern. Dabei wäre ich an einer schwierigen Stelle beinahe 30 Meter tief abgestürzt. Meine Leiche hätte man möglicherweise erst in ein paar Jahren per Zufall gefunden. Kein Mensch wusste von meiner Wanderung durch die Redwoods bis zum Pazifischen Ozean. Ich habe mir daraufhin geschworen, das Klettern in einem Kurs zu erlernen. Bei meiner Wanderung durch die Redwoods übernachtete ich immer im Freien, manchmal in Baumhöhlen von Mammutbäumen. Einmal begegnete ich bei beginnender Morgendämmerung einem jungen Braunbären, der von einer steilen Sandböschung abgerutscht und ca. 5 Meter vor meinen Füßen gelandet war. Als ich dann noch ein lautes Krachen im Gebüsch hinter mir hörte, war mir klar, das kann nur die Bärenmutter sein, und ich habe sofort den Weiterweg angetreten.

Im Wintersemester 1974/75 begann ich meine Kletterausbildung bei der Uni-Klettergruppe der Universität Freiburg, die im Winter im Hörsaal stattfand, mit Material- und Ausrüstungskunde, Wetterkunde, Orientierungsübungen, bergbezogener Erster Hilfe, geologischen Grundkenntnissen, Gletscherkunde, Informationen über Berg-Gefahren und deren Bewältigung, Sicherungstheorie und Seilschaft in Aktion mit Knotenlehre, Seilkommandos und Sicherungstechniken. Im Frühjahr 1975 ging es in den Klettergarten bei Oberried. Meine Ausbilder am Felsen waren Winfried Hartmann und Dieter Schäfer. Zu beiden entwickelte sich schnell eine gute Kletterfreundschaft. Mit ihrer Anleitung konnte ich schnell selbstständig hohe Schwierigkeiten im Vorstieg bewältigen und das Klettern machte mir fortan großen Spaß, mehr als alle anderen Sportarten, die ich bisher ausgeübt hatte.

Eine Fahrt in die Calanques während der Pfingstferien war Tradition der Uni-Klettergruppe. Die Calanques liegen bei Cassis, direkt an der Mittelmeerküste, ca. 10 km südöstlich von Marseille. Ein wunderschönes Klettergebiet mit vielen Kletterrouten in allen Schwierigkeitsgraden. Pfingsten 1975 war ich erstmals dabei. Unsere

Zelte schlugen wir auf einer schmalen, langgezogenen Halbinsel auf. Nach dem Klettern konnten wir immer im Meerwasser schwimmen. Doch eines Abends, als ich mit Freunden vom Klettern zurückkam, wollte ich noch zum Schwimmen gehen. Ich wurde aber von mehreren Kameraden gewarnt. Bei diesem aktuellen Sturm und hohen Wellengang sei es unmöglich, wieder an Land zu kommen. Die Wellen würden einen Schwimmer mit hoher Gewalt gegen die Felsen knallen. Kein einziger wagte es, ins Wasser zu springen. Als guter Schwimmer hatte ich aber keine Angst. Ich dachte, ich müsse doch nur den richtigen Moment abwarten, um mich dann vom Wellengipfel an die Felswand treiben zu lassen, um mich dann an den Felsen blitzschnell festzuklammern. Dann müsse ich nur noch schnell nach oben klettern, bevor die nächste Welle kommt, die mich sonst wieder ins Meer spülen würde. Also sprang ich ins Wasser und kraulte mehrere Minuten lang ins offene Meer hinaus. Als ich eine Schwimmpause einlegte, sah ich plötzlich, dass ich auffällig weit von der Küste entfernt war. Ich beschloss, wieder zurückzuschwimmen. Aber ich kam der Küste kaum näher, trotz größter Kraftanstrengung. Jetzt erkannte ich, dass mich eine starke Meeresströmung aufs offene Meer hinausgetrieben hatte. Unter maximaler Anstrengung ging mir allmählich die Kraft aus. Ein weiteres Problem war die zu dieser Jahreszeit noch niedrige Wassertemperatur von weniger als 18 °C. Ich begann schrecklich zu frieren. Viele meiner Kletterfreunde standen mit Kletterseilen auf dem Felsen, um mir zu helfen. Ich schaffte es mit letzter Kraft in die Nähe des Felsens zu schwimmen, legte mir die von ihnen zugeworfene Seilschlinge unter die Achseln und ließ mich von einer Welle an den Felsen treiben. Ich wurde jedoch mit großer Wucht an den Felsen geschleudert, so dass ich mir zahlreiche blutende Verletzungen zuzog.

Die aber waren das kleinere Übel. Schlimmer war die Unterkühlung. Ich wurde auf mehrere Isomatten gelegt und mit zahlreichen Daunenschlafsäcken zugedeckt, weil sich ein starkes Zittern und heftiges Beben des ganzen Körpers eingestellt hatte. Eine Medizinstudentin joggte nach Cassis, um Spritzampullen zu besorgen. Nach ihrer Rückkehr erhielt ich von ihr eine Injektion, weil ich immer noch starke Symptome eines Kälteschocks hatte.

4.2 Besteigung des Mount Kenya und 200 km zu Fuß durch die Wildnis zum Rudolfsee

In den Sommerferien 1975 sollten sich meine bisherigen Kletterkenntnisse als sehr hilfreich erweisen. Mit Fritz Muthny, meinem Tutor im Vordiplom-Prüfungsfach Physiologie, flog ich am 24.07.1974 nach Kenia. Durch das Klettern sollte sich eine lebenslange Freundschaft zwischen Fritz und mir entwickeln. In Kenia bestiegen wir den Mount Kenya, das zweithöchste Bergmassiv Afrikas (Point Lenana, 4985 Meter). Eine junge Münchner Lehrerin (Almut) hatte im YMCA-Hotel in Nairobi zufällig unser Gespräch belauscht und bat uns, sich uns anschließen zu dürfen. Da sie als Münchnerin häufig in den Alpen unterwegs sei, verfüge sie über große Bergerfahrung. Somit bestiegen wir den Mount Kenya zu dritt.

Wieder zurück in Nairobi lernten wir Dr. Rogan-Kamper kennen, der seit 16 Jahren in Kenia lebte und uns von seinem Wunschtraum erzählte, mit einem Lastkamel durch die Wüste bis zum Rudolfsee wandern zu wollen. Das Kamel könne man mieten und es sollte die Zeltausrüstung, die Lebensmittel und das Wasser für die zweiwöchige Wanderung durch die Wildnis tragen. Er wolle dieses Unternehmen mit uns gemeinsam durchführen. Bei diesem Gespräch wurden wir von einem Dr. Felix belauscht, der sich nun dieser Expedition unbedingt anschließen wollte. Nachdem wir die nötige Ausrüstung gekauft bzw. gemietet hatten, konnten wir mit dem klapprigen VW-Bus von Dr. Rogan-Kamper am 08.08.1975 Nairobi verlassen.

Wir waren fünf Personen: Dr. Rogan-Kamper, Dr. Felix, Almut, Fritz und ich. Über Geländewagen-Pisten ging es nur langsam voran, weil das Auto oft im tiefen Sand stecken blieb. Wir mussten das Auto oft ausgraben, entladen, mehrere hundert Meter weit schieben, dann mühsam das Gepäck den Anstieg hinauftragen und es oben wieder einladen. Solche Aktionen dauerten meist ein bis zwei Stunden, teils bei tropischen Regengüssen, teils bei glühender Hitze. Am 11.08. erreichten wir endlich eine Mission bei South Horr, wo wir unseren VW-Bus parken konnten. Hier wollten wir Kamele mieten, die aber alle für die nächsten drei Tage unterwegs waren. Somit blieb uns nur noch die Möglichkeit, mit fünf Eseln und zwei Eseltreibern den Fußmarsch durch die Wüste bis zum 96 km entfernten Rudolfsee anzutreten. Auf den letzten 84 km gibt es keine Wasserstelle und der Fußmarsch führt über wegloses Halbwüsten- und Wüstengelände. Der Missionar warnte uns vor Löwen und Leoparden. Erst vor wenigen Tagen sei ein Samburu-Krieger ganz in der Nähe von einem Löwen getötet und aufgefressen worden. Deshalb kauften wir von einem Samburu-Krieger noch drei Samburu-Speere, damit wir nicht ganz so schutzlos seien.

Am 12.08. begann unser beschwerlicher Fußmarsch,

teils durch tiefen Sand, teils über scharfes Vulkangestein und immer bei Temperaturen von meist über 50 °C in der Sonne – Schatten gab es keinen. Manchmal folgten wir frischen Leoparden- oder Löwenspuren. Einmal kamen wir bei Dämmerlicht an einem ausgetrockneten Wadi an, als wir plötzlich in einer Entfernung von ca. 300 Metern ein Löwenrudel entdeckten. Unsere Esel hatten Angst und zitterten am ganzen Körper. Die Eseltreiber schlugen viele dornige Äste von einer dornigen Schirmakazie ab und bauten für die Esel einen kreisförmigen Schutzgral. Ich sammelte schnell trockenes Holz und machte Feuer, das ich die ganze Nacht über versorgte, um die Löwen auf Distanz zu halten. Die anderen bauten direkt neben dem Feuer das Zelt auf und bereiteten das Abendessen zu. Nach dem Essen ging Dr. Rogan-Kamper mit seinem Feldbett ca. 50 Meter in Richtung der Löwen, wo er sich Schlafen legte. Später erzählte er mir, er hätte sich gewünscht, dass ihn die Löwen töten und auffressen würden. Da wurden mir seine suizidalen Züge bewusst. Die Nacht war stressig, wir hörten die Löwen brüllen, aber es passierte nichts, wohl wegen des stark lodernden Feuers direkt neben dem Zelt. Am 16.08. erreichten wir den Rudolfsee, wo wir uns erstmals seit acht Tagen wieder waschen konnten. Wir mussten dabei aber auf der Hut sein, weil etliche größere Krokodile in unserer Nähe schwammen. Jetzt mussten wir nur noch mehrere Stunden am Ufer entlanggehen bis wir eine Lodge erreichten, wo wir Wasser und Lebensmittel erwerben konnten. Am 18.08. traten wir mit den Eseln den 96 km langen Rückmarsch an, der wieder sehr abenteuerlich verlaufen sollte.

Bei Ankunft in South Horr am späten Abend des 20.08. wurden wir verhaftet wegen Diebstahls der fünf Esel. Unser

Gepäck sollte beschlagnahmt werden, aber wir schlugen eine Vermittlung durch den Missionar am nächsten Tag vor. Wir durften unser Zelt aufschlagen, in dem wir unsere gesamte Ausrüstung unterbrachten. Wir legten uns im Freien ums Zelt herum, um unsere Ausrüstung zu schützen. An Schlaf war ohnehin nicht zu denken. Am nächsten Morgen kam der Missionar und das Problem konnte gelöst werden. Die Esel waren von unseren Eseltreibern tatsächlich unerlaubterweise entwendet, aber auch wieder zurückgebracht worden. Wir bezahlten dem Eigentümer eine Entschädigung.

Nach erneut abenteuerlicher Fahrt im VW-Bus auf schwierigen Pisten mit zahlreichen Defekten am Auto und mit leerem Tank erreichten wir am 25.08.1975 gegen 21:00 Uhr endlich Nairobi. Ich fuhr am 27.08. allein mit dem Bus nach Mombasa, Fritz fuhr nach Tansania, wo er in einem Krankenhaus eine Famulatur für sein Medizinstudium antrat. Am 04.09.1975 flog ich dann von Nairobi nach Basel und fuhr mit dem Zug von Basel nach Freiburg. Ich war wieder zu Hause in meiner geliebten Stadt Freiburg, wo ich das Klettern gelernt hatte, wo ich viele Freunde gewinnen konnte, wo ich ein für mich besonders glückliches und erfolgreiches Studium absolviert hatte und wo ich meine Birgit kennenlernen durfte, die ich 1981 heiratete. Mehr zu Birgit in Kapitel 7.

4.3 Studium der Psychologie und Parapsychologie an der Uni Freiburg mit Diplomarbeit über Heuschnupfen

Zu den glücklichen Seiten meines Studiums in Freiburg gehörten meine finanzielle und meine gesundheitliche Situation. Infolge einer wissenschaftlichen Arbeit über allergische Rhinitis, bekam ich für den Rest meines Lebens keinen Heuschnupfen mehr und benötigte nie wieder Sprays oder sonstige Medikamente. Außerdem konnte ich bis zum Vordiplom das Fach Parapsychologie bei Prof. Bender studieren, was damals explizit in Freiburg und sonst an keiner anderen deutschen Hochschule möglich war.

Im 3. Semester nahm ich am scheinpflichtigen »experimentalpsychologischen Praktikum Teil 2« teil. Als mehrere Versuchspersonen für Untersuchungen zu hautgalvanischen Reflexen auf psychische Parameter einbestellt waren, fiel plötzlich der Polygraph aus. Dozent Dr. Prystav entschuldigte sich bei den Versuchspersonen, meinte die Techniker würden frühestens in zwei Wochen das Gerät wieder repariert haben und schickte sie wieder nach Hause. Doch ich bat eigenmächtig, dass sie noch ca. 10 Minuten warten sollten, weil ich versuchen wolle, die Störung zu beheben. Und dank meiner technischen Ausbildung zum Fernmeldehandwerker gelang mir die Beseitigung dieser Störung tatsächlich und alle psychophysiologischen Untersuchungen konnten fortgesetzt werden. Diese Geschichte und andere Auffälligkeiten bewogen Dr. Prystav, mich zu motivieren, mich für das Tutorat des nächsten Semesters zu bewerben. Das Problem war aber, dass man Tutor nur werden konnte, wenn man zuvor das Vordiplom bereits mit mindestens einem »Gut« abgeschlossen hatte. Ich hatte aber erst drei Semester absolviert und die Zulassung zur Vordiplom-Prüfung war erst nach dem 4. Semester möglich. In einer Fakultätskonferenz wurde nun beschlossen, dass ich – offensichtlich als erster Psychologiestudent der Uni Freiburg – auch ohne Vordiplom das Tutorat ausüben dürfe. Da Dr. Prystav mit meiner Tutorats-Ausübung sehr zufrieden war, durfte ich danach wählen, entweder mich für das folgende Semester erneut für ein Tutorat zu bewerben oder eine feste Stelle als wissenschaftliche Hilfskraft für den Rest meines Studiums anzutreten. Ich habe mich für die Stelle der wissenschaftlichen Hilfskraft entschieden und war damit für den Rest meines Studiums ganzjährig finanziell abgesichert. Ich bekam nun im Psychologischen Institut ein eigenes Büro, in dem ich ein Testarchiv aufbauen konnte und ich war zuständig für Testausleihe und Beratung bezüglich psychologischer Tests.

Im September 1979 erhielt ich auch noch von der sportwissenschaftlichen Fakultät der Universität Freiburg ein Tutorat: Meine Aufgabe hier bestand darin, für Sportstudenten einen Eiskletterkurs in den Alpen durchzuführen, was mir und allen Teilnehmern viel Freude bereitet hatte. Ich wurde gebeten, diesen Eiskletterkurs durchzuführen, weil ich im Sommer 1978 und Sommer 1979 zum Hochtourenführer beim DAV ausgebildet worden war und somit eine Lizenz besaß, Kinder, Jugendliche und Erwachsene im Fels- und Eisklettern auszubilden und alpine Bergführungen durchzuführen.

Einen wichtigen Beitrag für meine gesundheitliche Lebensqualität leistete meine Diplomarbeit mit dem Titel: »Psychologische Beiträge zur allergischen Rhinitis. Überblick über neuere Literatur und empirische Untersuchung an Patienten mit allergischer Rhinitis.« Abgeschlossen war diese wissenschaftliche Arbeit im Juni 1979. Im Rahmen dieser Arbeit hatte ich einen Selbstversuch unternommen, mit dem Ergebnis, dass mein Heuschnupfen, der mich etwa seit meinem 20. Lebensjahr regelmäßig sehr gequält hatte, zunächst noch viel stärker wurde, mit dem Verbrauch von ca. 90 Tempo-Taschentüchern pro Tag. Aber nach etwa drei

Wochen war der Heuschnupfen für immer verschwunden. Somit benötigte ich auch bis heute nie wieder Sprays oder sonstige Medikamente gegen diese Allergie.

Das Prinzip meines Vorgehens waren Erkenntnisse aus der konfrontativen und kognitiven Verhaltenstherapie, gepaart mit Entspannungstechniken. Konkret bedeutet dies, ich habe die maximalen Herausforderungen gesucht, habe mich den Frühblühern auf Nasen-Kontakt genähert und dabei minutenlang intensiv durch die Nase geatmet. Gleichzeitig habe ich nur positive Gedanken über diese Pflanzen und Pollen auftauchen lassen, und einfach akzeptiert, dass Niesreize entstehen dürfen und die Nase »laufen« darf. Dabei habe ich auch immer gedanklich mit Entspannungsformeln gearbeitet und auf alle Muskeln geachtet, dass diese auch wirklich völlig loslassen und entspannt sind. Das alles habe ich mehrmals am Tag durchgeführt. Durch diese extreme Konfrontation mit den Pollen bekam ich zunächst einen schlimmen Heuschnupfen und ich benötigte nun rund 90 Tempo-Taschentücher pro Tag. Einnahme von Medikamenten bzw. Verwendung von Nasensprays war für die nächsten Wochen absolutes Tabu. Die ganze Therapie dauerte drei Wochen, dann war die allergische Rhinitis für immer beseitigt. Ich konnte sogar in den Jahren danach in den Alpen problemlos in Heuschobern übernachten, wenn wir nach einer Klettertour beim Abstieg in die Dunkelheit geraten waren. Vor meiner oben berichteten Therapie hatte ich zwei Jahre lang medizinische Desensibilisierungen in der Uni-Hautklinik durchführen lassen, leider ohne Erfolg. Das soll nun nicht heißen, dass Desensibilisierung eine schlechte Therapie ist, denn für viele Allergiker ist sie ja erfolgreich. Umgekehrt möchte ich auch nicht behaupten, dass »meine« Therapie für viele Menschen erfolgreich wäre.

Menschen sind unterschiedlich. Was bei manchen Menschen gut wirksam ist, kann bei anderen unwirksam sein und umgekehrt. Weitere wissenschaftliche Untersuchungen »meiner« Therapie wären erforderlich.

Für den Laien möchte ich an dieser Stelle das Prinzip der Wirksamkeit meiner Heuschnupfentherapie (metaphorisch) am Beispiel einer psychotherapeutischen Behandlung von Höhenangst erläutern. Höhenangst ist zunächst eine sinnvolle Angst, weil sie uns vor einer großen Gefahr für Leib und Leben schützt. Von einer großen Höhe herunterzufallen ist in der Tat sehr gefährlich, deshalb kommt es zum Vermeidungsverhalten. Eine Person mit Höhenangst vermeidet es, sich einer größeren Höhe auszusetzen. Wenn sie es dennoch versucht, entsteht Höhenangst infolge von Aktivierungsprozessen bestimmter Hirnteile, mit allen dazugehörenden physiologischen Reaktionen, z. B. Ausschüttung von Stresshormonen, die u. a. die Herzfrequenz und den Blutdruck erhöhen. Dies bedeutet für das betroffene Individuum »Gefahr« (auch wenn aktuell keine Gefahr vorliegt) und führt in der Regel zum Rückzug/Vermeidungsverhalten. Würde es sich der Höhe aber trotz aller unangenehmen Reaktionen für längere Zeit aussetzen, würde die Erregungskurve im Gehirn von Minute zu Minute abnehmen und die Höhenangst würde nach einer gewissen Zeit und mehreren Wiederholungen der Höhenexposition verschwinden. Das Gehirn aber bekommt dadurch die Möglichkeit, neu zu lernen, dass Höhe nicht immer zugleich »Gefahr« bedeutet. Eine Person mit Höhenangst verliert also diese Angst, indem sie sich mit der Höhe konfrontiert. Während der Konfrontation geht es der betreffenden Person anfangs selbstverständlich schlecht (starke Symptome). Diese Symptome müssen akzeptiert werden; mit der Zeit werden sie immer weniger, weil das Gehirn gelernt hat, dass bei allen Versuchen der Höhenexposition nicht zwingend eine Gefahr für Leib und Leben bestehen muss.

Und diesen Prozess der Konfrontationstherapie wandte ich auch bei der Behandlung meines Heuschnupfens an. Ich akzeptierte einfach die Symptome, machte dennoch mit der Exposition weiter und gab somit meinem Gehirn die Chance, dass es sich bezüglich der allergischen Rhinitis ändern konnte. Die wissenschaftlichen Studien zu dieser Theorie fehlen noch. Prof. Fahrenberg bot mir eine Promotionsarbeit zu diesem Thema an, aber ich wollte unbedingt mit Patienten in einer psychotherapeutischen Einrichtung arbeiten.

4.4 Traum vom Tod eines Freundes – ein telepathischer Traum?

Am 20.07.1976 erwachte ich von einem schrecklichen Traum. Ich sehe im Traum Mura, den japanischen Seilpartner von Dieter Schäfer (der mir zusammen mit Winfried Hartmann das Klettern beigebracht hatte) beim Abstieg vom Matterhorn. Mura hatte sich für die Besteigung des Matterhorns meine Daunenjacke ausgeliehen. Als er sich (in meinem Traum) an einem Felsblock festhält, löst sich dieser und stürzt gemeinsam mit Mura in die Tiefe. Ich selbst befinde mich bei dem schwerverletzten Japaner, der in meinen Armen stirbt. Ich weine bitterlich. Genau in diesem Augenblick erwachte ich vom Traum und weinte auch im Wachbewusstsein weiter. Ich spürte in mir eine Sicherheit, dass der Freund ums Leben gekommen ist, denn Weinen im Rahmen eines Traums kam in meinem Leben sehr selten vor. Ich versuchte den Japaner am nächsten Morgen anzurufen, leider vergeblich. Dann musste ich ins Psychologische Institut, wo ich als wissenschaftliche Hilfskraft ein eigenes Büro hatte. Dort erzählte ich meinem Freund Michael Waldmann von meinem Traum und meinen Sorgen. Danach hatte ich wegen meiner Diplomarbeit einen Termin bei Dr. Prystav, dem ich ebenso von meinem Traum und den Befürchtungen erzählte. Beide nahmen meine Erregung wahr und versuchten mich zu trösten. In diesem Zustand hatte mich noch keiner von ihnen erlebt. Mittags ging ich mit Michael in die Mensa und es gab nur das Thema Traum und Tod. Als wir das Geschirr nach dem Essen abgegeben hatten, sahen wir plötzlich Mura mit einem Essenstablett auf uns zukommen. Ich war erleichtert: Gott sei Dank, er lebt. Also nur ein Albtraum? Der Japaner hatte traurige Gesichtszüge und sagte: »Dieter ist tot! Beim Abstieg vom Matterhorn hat er sich an einem Felsblock festgehalten, der sich gelöst hat und mit Dieter ca. 200 Meter in die Tiefe gestürzt ist.«

Ein telepathischer Traum! Interessant dabei die »Verschiebung«. Dieter selbst war nicht der Sender der telepathischen Nachricht, sondern Mura, der alles mitansehen musste. Über die geliehene Daunenjacke waren seine Gedanken auch an mich gerichtet und so kam die telepathische Nachricht bei mir an. Und weil der Japaner der Sender war, kamen die Bilder des Unfallopfers zu mir in der Person von Mura und nicht in der Person von Dieter.

4.5 Start ins Berufsleben als Diplompsychologe und Psychotherapeut

Vom 20.09. bis 25.09.1979 war ich mit Lothar von Helden in der Civetta, wo wir täglich schwierige Klettertouren unternehmen wollten. Nach elfstündiger Autofahrt mussten wir bei Dunkelheit zur Vazzoler Hütte aufsteigen, bepackt mit zwei schweren Rucksäcken pro Person. Auf der Hütte trafen wir zwei Italiener im Winterraum, die am nächsten Morgen wegen sehr schlechter Wettervorhersage wieder abstiegen. Einen Hüttenwirt gab es wegen Saisonende nicht mehr, so dass Lothar und ich fast eine Woche lang die einzigen Menschen auf der Hütte waren. Am nächsten Morgen begann ein Dauerregen, der 24 Stunden später in ein schweres Gewitter umschlug. Lediglich am 23.09.1979 gab es eine vierstündige Regenpause, die wir benützten, um die Westwand der Torre Venezia im Eiltempo zu durchsteigen (Schwierigkeit IV, 9 Seillängen). Am Gipfel angekommen, setzte wieder Dauerregen ein, so dass wir beim Abseilen und Abklettern völlig durchnässt wurden. Dann setzte heftiger Schneefall ein, so dass wir am 25.09. im kniehohen Tiefschnee ins Tal zum Auto absteigen mussten. Wir fuhren nach Jettingen zu meinem Bruder Franz.

In Jettingen erfuhr ich am 25.09.1979, dass ich in 6 Tagen (am 01.10.1979) meine erste Arbeitsstelle als Diplompsychologe in einer psychosomatischen Klinik in St. Blasien antreten soll. Am Tag des Arbeitsbeginns in St. Blasien sollte ich mich aber auch noch zur Wahl für eine Stelle in der psychiatrischen Abteilung des Kreiskrankenhauses Sigmaringen stellen, wo erstmals eine Psychologenstelle eingerichtet wurde, um die ich mich beworben hatte. Nach einem Telefonat mit St. Blasien durfte ich meine Arbeitsstelle einen Tag später, also am 02.10.1979 antreten. Am Tag davor wurde ich in Sigmaringen vom Landrat und den Kreistagsabgeordneten für die Psychologenstelle am Krankenhaus gewählt, beginnend zum 01.01.1980.

Meine erste Arbeitsstelle als Psychologe endete somit am 31.12.1979 und es begann danach mein Sigmaringer Lebensabschnitt.

4.6 Vermisst in der Scheienfluh-Westwand

Bis kurz vor Jahresende wohnte ich weiterhin in Freiburg, von wo aus ich mit einer Fahrgemeinschaft täglich zur Arbeitsstelle nach St. Blasien fuhr. An Wochenenden konnte ich noch mit Lothar von Helden Klettertouren unternehmen. Mit dem 8 Jahre jüngeren Lothar verband mich eine enge Freundschaft, die bis heute besteht. Ich durfte sogar 1989 sein Trauzeuge sein. Kennengelernt haben wir uns am 14.05.1978 beim Klettern in den Calanques (Uni-Klettergruppe). Durch Lothar, der ein hervorragender Kletterer war, kam ich zu zahlreichen Durchsteigungen von schwierigen Kletterwänden in den Alpen. Am 20.10.1979 wurden wir beide am Tag nach der Durchsteigung der Scheienfluh-Westwand (VI, A2) als vermisst gemeldet und ein Hubschrauber suchte nach uns. Wir hatten eine für mich äußerst schwierige und kraftraubende Wand unter extremen Bedingungen durchstiegen. Bei Minusgraden war die Wand eisig kalt und wir hatten ständig gefühllose Hände. Außerdem hatten wir pro Person nur ¼ Liter Wasser und nichts zum Essen dabei. Wir waren insgesamt 22 ½ Stunden lang ohne Lebensmittel. Ich bekam immer wieder Krämpfe in Armen und Beinen, weil ich in diesem Jahr wegen meiner Diplomarbeit bis Ende Juli nur wenig trainieren konnte. Die Felswand ist größtenteils überhängend. Das eigentliche Drama begann aber erst auf dem Gipfel, den wir kurz nach Sonnenuntergang erreicht hatten. Der

Abstieg war uns total unbekannt und es war bei Neumond stockdunkel. Wir waren beide völlig erschöpft und froren erbärmlich, weil wir auch keine zusätzliche warme Kleidung hatten (nur Hemd und Kletterjacke). Biwakieren bei minus 6 °C ohne Biwaksack hätte unseren sicheren Tod durch Erfrieren bedeutet. Deshalb kam unter diesen Bedingungen nur noch der Abstieg in Frage. Wir mussten uns bei absoluter Dunkelheit mehrmals über vereiste Überhänge abseilen und über ein schwieriges Gelände absteigen, das laut Lothar möglicherweise noch nie von einem Menschen betreten worden war. Wir froren und hatten schrecklichen Durst. Mund und Rachen fühlten sich an, als seien sie mit Pattex verklebt. Wir mussten ständig Atempausen einlegen, weil die Glieder nicht mehr dem Willen gehorchen wollten und wir schwindelten uns mit unseren Stirnlampen immer weiter nach unten. Insgeheim dachte ich an eine Hubschrauber-Rettung, sobald der Tag angebrochen sei und wir wegen Unterkühlung in ein Krankenhaus geflogen werden könnten. Nach sechs weiteren Stunden hatten wir es aber geschafft. Überglücklich erreichten wir unseren Heuschober, wo wir beim Zustieg zur Wand unsere Lebensmittel deponiert hatten. Nachdem wir unseren Hunger und Durst gestillt hatten, verbrachten wir hier den Rest der Nacht, wenn auch von heftigen Krämpfen meiner Beinmuskulatur geplagt. Am Vormittag stiegen wir zur Garschina-Hütte auf, wo wir auf unsere Kletterfreunde Karl-Ludwig G. und Michael Sch. warten wollten, die auf einer leichteren Tour unterwegs waren. Auf dem Weg zur Hütte begegneten wir Bergwanderern, die uns berichteten, dass zwei Deutsche als vermisst gemeldet seien und ein Hubschrauber nach ihnen suchen würde. Auf der Hütte angekommen, dröhnte plötzlich Hubschrauberlärm und der Hüttenwirt sagte: »Der Hubschrauber ist auf der Suche nach den beiden Deutschen, die gestern in die Scheienfluh-Westwand eingestiegen waren und seither vermisst werden. Die Scheienfluh-Westwand ist eine der schwersten Kletterwände des ganzen Rätikon, deshalb muss man damit rechnen, dass die beiden gar nicht mehr leben.« – Wir gaben uns als die beiden gesuchten Deutschen zu erkennen. Dann landete der Hubschrauber der Rega (Schweizer Rettungsflugwacht) direkt neben der Hütte. Die hohen Kosten für Hubschrauberflug, Pilot, Bergretter und Arzt brauchten wir nicht zu bezahlen, weil Lothar Mitglied der Rega war. Auch ich trat danach der Rega bei, was sich später noch zweimal auszahlen sollte. Übrigens kam die Vermisstenmeldung per Funktelefon vom Hüttenwirt an die Rega. Ihm hatten morgens unsere Freunde Karl-Ludwig und Michael ihre Sorgen mitgeteilt, weil wir immer noch nicht auf der Hütte waren, obwohl wir vereinbart hatten, am späten Abend dort eintreffen zu wollen. Beide haben alles richtiggemacht, denn es ging ja tatsächlich um Leben und Tod.

Kapitel 5: Mein Sigmaringer Lebensabschnitt ab 01.01.1980

Mit Unfällen, Entwicklung neuer Behandlungsmethoden nach schweren Verletzungen, schwerem Trauma nach Tod meiner Frau und meiner 8-jährigen Tochter und Beschreibung meiner Gefühle und meines Verhaltens als Psychotherapeut bei posttraumatischer Belastungsstörung.

In Sigmaringen fand ich schnell zahlreiche Kontakte zu Ärzten, Pflegepersonal und Kletterern. Das nahegelegene deutschlandweit sehr bekannte Donautal ist ein hervorragendes Klettergebiet. Hier gelang mir im Mai 1981 die Einrichtung einer neuen Kletterroute, der ich den Namen »Schnurpulus« gab (Schwierigkeit VII, 1 Seillänge, am Aussichtsfelsen). Bereits am 19.02.1980 lernte ich hier den damals 17-jährigen Joachim Kleiner kennen. Mit ihm unternahm ich nicht nur zahlreiche Klettereien im Donautal, sondern auch viele Durchsteigungen von schwierigen Alpenwänden. Näher eingehen möchte ich aus verschiedenen Gründen nur auf die Besteigung der Badile-Nordostwand und des Salbitschijen-Westgrates.

5.1 Badile-Nordostwand – mit viel Glück überlebt

Nachdem ich mit Joachim zahlreiche Alpenwände durchstiegen hatte, unter ihnen den Salbitschijen-Westgrat (mehr dazu in Kapitel 5.3), die Große Zinne-Nordwand in den Dolomiten (Schwierigkeit VI/A1, 550 hm bei Nässe und Kälte) und die Watzmann-Ostwand, Salzburger Weg (Schwierigkeitsgrad nur V, aber mit fast 1800 hm höchste Wand der Ostalpen), wollte ich mit ihm am 28.07.1981 die Badile-Nordostwand im südlichen Bergell durchsteigen (Schwierigkeit V+/A1, Wandhöhe 900 m, Gipfelhöhe 3308 m). Am Einstieg angekommen, begann es zu regnen und wir mussten wieder umkehren und nach Hause fahren. Am 15.08. wagten wir einen neuen Versuch. Bis etwa zur Wandmitte kamen wir zügig voran und konnten einen Schweizer Bergführer (Guido) mit seinem Gast einholen. Der kleine Standplatz war von den beiden Schweizern belegt, die gerade eine Vesperpause einlegten. Somit kletterte ich im Vorstieg weiter, in der Hoffnung, einen provisorischen Standplatz einrichten zu können. Nach einer ca. 8 bis 10 Meter langen Querung nach rechts bei gleichzeitigem Höhengewinn von ca. 8 Metern, fand ich in einem Längsriss einen rostigen Haken. Diesen musste ich jetzt als Standhaken benützen, weil das Seil zu Ende war und für die nächsten Meter infolge der Kompaktheit des Felsens keine Standplatzmöglichkeit bestand. Ich wusste, dass dieser Haken niemals einen Sturz halten würde und es deshalb ein absolutes Tabu sei, einen solchen Haken als alleinige Standplatzsicherung zu verwenden. Es gab wenige cm links des Hakens einen ca. 10 cm breiten Felsabsatz, aber leider mit Gefälle nach unten. Ich legte eine Bandschlinge darüber, die ich an meinem Klettergurt befestigte. Leider rutschte sie ständig ab, so dass ich sie immer wieder auf das Felsabsätzchen zurücklegen musste. Als Joachim im Nachstieg bei mir ankam, zeigte ich ihm meine Standplatzkonstruktion und sagte ihm: »Joachim, du darfst jetzt im Vorstieg auf keinem Fall stürzen. Der Haken würde ausbrechen und meine Schlinge sehr wahrscheinlich abrutschen. Dann würden wir beide fast 500 Meter bis zum Gletscher hinunterfallen. Bitte versuche möglichst früh per Klemmkeil oder Schlagen eines Hakens eine Zwischensicherung anzubringen.« – Dann kletterte Joachim im Vorstieg vorsichtig weiter, suchte dabei ständig nach der Möglichkeit, eine Zwischensicherung anzubringen, aber es fand sich keine. Als sich Joachim ca. 6 bis 7 Meter über mir befand, hörte ich plötzlich ein Geräusch. Ich blickte nach oben und sah, wie sich ca. 8 Meter über Joachim eine 8 bis 10 Meter breite, ca. 1 Meter dicke und ca. 5 Meter tiefe Felsplatte bewegte, ein Granitblock von einem Gewicht von bis zu 150 Tonnen. Sie hätte Joachim zermalmt und uns beide in die Tiefe gerissen. Ich schrie aus Leibeskräften: »Joachim, Stein, Stein, Stein – über dir.« – Joachim blickte nach oben, erkannte die Gefahr und konnte noch blitzschnell einen Schritt nach rechts queren. Dennoch wurde er noch von der Felsplatte leicht gestreift und er stürzte ca. 15 Meter im freien Fall nach unten, immer neben der fallenden Felsplatte. Die beiden Schweizer standen rechts neben ihren Standhaken und hatten von der Gefahr nichts mitbekommen, so dass ich auch ihnen laut zurief. Beide hechteten nach links. Der Felsblock rutschte wenige hundertstel Sekunden später genau über die Stelle, an der die Beiden eben noch standen.

Der Rucksack des Bergführers hing am rechten Standplatzhaken und wurde vom Felsblock mit in die Tiefe gerissen. Beim Hechtsprung nach links befand sich noch ein Unterschenkel des Schweizer Kletterers waagrecht in der Luft, wurde von der Unterkante des Felsblocks touchiert, mit der Folge einer offenen Wadenbeinfraktur. Der Schweizer Bergführer Guido kam mit Fleischwunden am Arm davon. Ich selbst befand mich ca. 8 Meter höher und ca. 8 bis 10 Meter rechts der Schweizer und wurde vom fallenden Felsblock nur leicht am Handrücken der linken Hand gestreift, was lediglich blutende Hautabschürfungen ergab. Als ich Joachim fallen sah, ging ich davon aus, dass der Standhaken ausbrechen würde und wir beide keine Überlebenschance haben würden. Blitzschnell gelang es mir, die wieder abgerutschte Bandschlinge über das abschüssige Felsköpfchen zu legen. Damit es durch Haftreibung etwas Halt bekommen sollte, habe ich blitzschnell mein Körpergewicht nach unterhalb des Felsköpfchens verlagert. Der Fangstoß mit Sturzfaktor 2,0 wurde tatsächlich von der Bandschlinge gehalten. Außerdem konnte ich das Sicherungsseil noch etwas einziehen, um die Sturzhöhe zu verringern. Joachim hing nach einer Fallhöhe von ca. 15 Metern bewusstlos im Seil, sein Helm war zertrümmert und Blut lief über seinen Kopf. Wir wussten alle nicht, ob Joachim überhaupt noch am Leben war. Also zogen wir ihn mit vereinten Kräften zum Standplatz der Schweizer hoch, und gaben das Alpine Notsignal, indem wir mehrmals das Wort »Heli, Heli, Heli« riefen (Heli als Abkürzung für Helikopter). Wie wir später erfuhren, konnten wir nicht gehört werden. Aber in Sichtweite gab es eine Hütte, die »Sass Sciora-Hütte«, von welcher aus zahlreiche Bergwanderer mit Ferngläsern die Kletterer in der Badile-Ostwand beobachtet und das

Unfall-Geschehen genau verfolgt hatten. Sie informierten sofort den Hüttenwirt, der wiederum sofort die Schweizer Rettungsflugwacht per Funktelefon verständigte, mit dem Hinweis, dass Tote aus der Wand geborgen werden müssten. Wie wir später erfuhren, sei der ca. 150 Tonnen schwere Felsblock nach fast 500 Metern freien Falls auf dem Gletscher eingeschlagen und habe VW-Bus große Eisblöcke über 100 Meter weit durch die Luft geschleudert.

Da es damals in der ganzen Schweiz nur zwei Piloten gab, die aus dieser Wand Menschen retten konnten, mussten wir 2 ½ Stunden warten, bis Hubschrauberlärm zu vernehmen war. Die Wartezeit wurde für uns zum »Hitchcock«. Aus der Ausbruchstelle prasselten alle paar Minuten kleine Felsbrocken auf uns nieder und wir wussten nicht, ob Joachim eine längere Wartezeit bis zu einer ärztlichen Behandlung überhaupt überleben würde. Doch 2 ½ Stunden nach dem Felssturz konnte die Rettungsaktion durch eine meisterliche Leistung des Hubschrauberpiloten beginnen. Die Rotoren kamen bis auf weniger als 5 Meter an den Felsen heran. An einem 20 Meter langen Stahlseil, das so lange vom Retter im Hubschrauber in Schwingung gebracht werden musste, bis es von Guido mit der Hand ergriffen werden konnte, hing ein Funkgerät, das Guido ausklinkte. Der Helikopter entfernte sich wieder (wegen des hohen Lärms) und Guido konnte mit den Rettern das weitere Procedere per Funk besprechen. Guido war Mitglied des Hubschrauberrettungsteams, deshalb musste kein Retter zu uns abgelassen werden und der Helikopter konnte den Arzt an der Hütte absetzen, damit er schon alles für die Erstbehandlung der Verletzten vorbereiten konnte. Dann kam der Helikopter zu uns zurück und die Rettung konnte beginnen. Das Kletterseil an Joachims Klettergurt wurde mit einem Messer abgeschnitten, danach wurde das Stahlseil in Joachims Klettergurt eingehängt. Dann entfernte sich der Hubschrauber von der Wand, und Joachim wurde per Seilwinde in den Hubschrauber gezogen. Dann kam der Hubschrauber erneut zur Wand geflogen und das gleiche Procedere wiederholte sich nun bei der Bergung des verletzten Schweizers. Dann flog der Hubschrauber zur Hütte, wo die beiden Verletzten vom Rettungsarzt behandelt wurden. Guido und ich machten uns inzwischen bereit für unsere Bergung. Dazu musste ich erst zum Standplatz klettern. Erst beim Klettern bemerkte ich nun, dass ich unter Schock stand. Beim Abklettern zum Standplatz setzte plötzlich ein starkes Zittern am ganzen Körper ein. Im Augenblick des Felssturzes war keinerlei Angst zu spüren. Es gab nur die Feststellung: »Jetzt ist es aus«. Es dauerte nur wenige Minuten, bis auch ich und danach Guido im Hubschrauber saßen. Die Rettungsaktion war eine Meisterleistung des Piloten namens Bärfuß, der damals einziger Pilot im Engadin war, dem Rettungen aus der Badile-Nordostwand gelungen waren! Als ich an der Hütte ankam, war Joachim wieder bei vollem Bewusstsein. Von seiner Rettung und dem Flug im Hubschrauber hatte er nichts mitbekommen. Die beiden Verletzten wurden ins Spital von Samedan, Nähe St. Moritz geflogen. Mit dabei waren auch mein Rucksack und die Kletterausrüstung von Guido. Wir beide konnten somit ohne Gepäck ins Tal absteigen und mussten dann noch 45 Minuten mit dem Auto zum Spital fahren.

Im Tal rief ich von einer Telefonzelle aus meine Frau Birgit in Sigmaringen an, mit der ich seit 8. Mai 1981 verheiratet war. Ich sagte: »Hallo Birgit, ich, der Heinz bin am Apparat« – »Heinzi, du brauchst nicht weiterreden, denn ich weiß, dass ihr einen Unfall gehabt habt« – »Woher weißt du das?« – »Mir wurde mittags plötzlich übel und ich musste sogar erbrechen. Gleichzeitig musste ich an Euch denken und eine innere Stimme hat mir gesagt, Heinz und Joachim haben einen Unfall gehabt und sind in Gefahr. Und ich war mir absolut sicher, dass etwas Schreckliches passiert ist.« – Für mich handelte es sich dabei um ein telepathisches Erlebnis. Nie zuvor und nie danach hatte Birgit so ein Erlebnis, wenn ich beim Klettern war.

Ich blieb noch eine Nacht bei Joachim neben seinem Bett. Dann fuhr ich allein nach Sigmaringen. Joachim war nicht transportfähig. Acht Tage später wurde er von der Bergwacht des Donautals ins Krankenhaus nach Sigmaringen gebracht. Die Donautal-Bergwacht war gerade im Engadin auf der Suche nach Elke Herrmann, einer Realschullehrerin aus Sigmaringen, die unserer Sigmaringer Klettergruppe angehört hatte und die bereits seit einer Woche vermisst worden war. Sie befand sich am Tag unseres Badile-Unfalls ganz in unserer Nähe allein auf einer Bergwanderung und war seither verschollen. Ihre Leiche wurde – trotz tagelanger Suchaktionen – nie gefunden. Joachim wurde hernach noch wegen dreifacher Kieferfraktur von der Sigmaringer Klinik in die Uniklinik Tübingen verlegt.

Die Badile-Nordostwand konnte ich beim dritten Anlauf endlich vollständig durchsteigen (am 19.08.1983, mit Bernd Mair und Hermann Geier). Bernd war zunächst gegen meine Teilnahme, weil er eine so große Wand auf keinen Fall in einer Dreierseilschaft besteigen wollte. Eine Dreierseilschaft sei einfach zu langsam und eine kalte Biwak-Nacht wollte Bernd vermeiden. Ich bot mich an, bis Wandmitte vorzusteigen, weil ich diesen Teil der Wand gut kennen würde und die beiden Nachsteiger gleichzeitig nachsichern könnte, sodass wir genauso schnell sein würden wie eine Zweierseilschaft. Bernd willigte schließlich ein. Am Einstieg sahen wir weit über uns eine Seilschaft aus Münster. Wir waren sehr schnell, und konnten die Münsteraner überholen, weil sie mit der Routenfindung Probleme hatten und sich verstiegen hatten. In der Wandmitte angekommen, sollte Bernd die Führung übernehmen, aber Bernd sagte: »Heinz, bei dir läuft es sehr flüssig, würde es dir etwas ausmachen, wenn du auch den Rest der Wand vorsteigst?« Ich war tatsächlich in guter Form und bin gern auch die zweite Hälfte der Wand vorgestiegen. Wir sind dann alle drei meist gleichzeitig geklettert und Standplätze habe ich nur eingerichtet, wenn mir das Sicherungsmaterial ausgegangen war. Die beiden Münsteraner brauchten nur noch hinter uns her klettern und sich somit nicht mehr um die doch zeitaufwendige Orientierung in der Wand kümmern, worüber sie sehr froh waren. »Ihr wart so schnell, dass wir größte Mühe hatten, euch zu folgen«, lobten sie uns auf dem Gipfel. Doch kurz vor Erreichen des Gipfels gegen 15:30 Uhr begannen unsere Eispickel zu surren. Es knisterte und Blitze schlugen in unmittelbarer Nähe ein. Die letzten beiden Seillängen zum Gipfel, die Bernd vorgestiegen war, kletterten wir bei Regen. Wir befanden uns direkt in einer Gewitterwolke und hörten Hilferufe von der Nordkante (die ich zwei Wochen zuvor mit Peter Flämig durchstiegen hatte, einem guten Kletterfreund, der Vorsitzender Richter am Verwaltungsgericht in Sigmaringen war). Die Hilferufe kamen von vier Münchner Studenten, die den Abstieg ins Tal nicht kannten. Inmitten der Gewitterwolke in 3300 m Höhe gab es kaum Sicht. Wir warteten auf sie. Ich hatte vor zwei Wochen mit Peter Flämig durch Zufall eine Höhle entdeckt. Am Ende der Höhle befand sich eine Abseilpiste.

Ich ließ mir alle Seile geben, richtete mit zwei Seilen die erste Abseilstelle ein und band mir alle übrigen Seile am Rücken fest. Ein Seilgefährte musste dafür meinen Rucksack übernehmen und mit zwei Rucksäcken abseilen. Ich richtete immer die Abseilstellen ein, die anderen brauchten sich ohne Zeitverzögerung nur noch in die Seile einklinken und konnten sich schnell abseilen. Der Letzte musste nur die letzten Seile abziehen und nach unten lassen, damit ich schon wieder die nächste Abseilstelle einrichten konnte. Zu neunt seilten wir bei Regen, Blitz und Donner zügig ab. Um 18:30 Uhr erreichten wir den Gletscher und um 19:00 Uhr waren wir bereits in der Gianetti-Hütte (auf der italienischen Seite des Piz Badile) und damit in Sicherheit.

Am nächsten Tag, als wir nachmittags im Tal angekommen waren, rief ich Birgit von einer Telefonzelle aus an. Bevor ich etwas sagen konnte, sagte sie sofort: »Heinzi, ich weiß, dass ihr die Badile-Nordostwand durchstiegen habt.« – »Woher weißt du das?« – »Ich wusste es plötzlich, ich weiß aber nicht, woher die Information kam.« Birgit wollte nach dem schweren Unfall in der Badile-Nordost-Wand, dass ich ihr verspreche, nie wieder in diese Wand einzusteigen. Die Angst um mich würde sie nicht aushalten. Deshalb hatte ich mit Bernd und Hermann vereinbart, Birgit zu sagen, dass wir die »Graue Wand« besteigen würden, von der Birgit wusste, dass diese ungefährlich sei. Noch nie zuvor und auch nie danach ist Birgit auf die Idee gekommen, ich könnte sie bezüglich der Ziel-Angaben belügen. Diese innere Information hatte sie plötzliche in der Nacht erhalten, als wir bereits auf der Gianetti-Hütte übernachteten. Die weitere Diskussion mit Birgit ergab, dass es sich hier sehr wahrscheinlich um Telepathie gehandelt haben musste.

5.2 Der 30-Meter-Absturz vom 23.04.1984

Überlebt habe ich mit einer schweren Verletzung, die damals aus medizinischer Sicht als irreversibel galt. Im Anhang möchte ich auch die von mir entwickelte Therapie schildern, die dann jedoch entgegen der ärztlichen Prognose erfolgreich war.

Mit meinem Freiburger Freund Michael S. kletterte ich gerade in der zweiten Seillänge im Vorstieg in der »Altweiberroute« am Zuckerhut (Schwierigkeit VII-) im Donautal, nähe Beuron. In einer Höhe von ca. 35 Metern über dem Boden brach plötzlich unter meinem rechten Fuß ein Felsblock aus, als ich mich gerade in einem Überhang befand. Mit den Fingern hielt ich mich an einer kleinen Felsleiste am Ausstieg des Überhangs fest, die Felsleiste brach jedoch nach wenigen Sekunden ab. Im freien Fall überschlug ich mich und der gesamte Absturz lief nun in Kopfsprunghaltung ab. 15 Meter unter mir befand sich ein nach unten geneigtes Felsband, etwa zwei Meter breit, auf dem ich aufschlug. Nach dem Aufschlag stürzte ich noch weitere ca. 15 Meter im freien Fall, ohne weitere Felsberührung und erst wenige Meter über dem Boden war der freie Fall zu Ende. Jetzt hing ich mit dem Kopf nach unten im Seil. Verantwortlich für den Absturz waren alte, rostige Haken, die altersbedingt ausgebrochen sind. Zwei weitere Kletterer befanden sich glücklicherweise gerade am Einstieg und einer von ihnen rannte sofort nach Beuron und alarmierte die Bergrettung. Michael ließ mich inzwischen vorsichtig bis zum Boden ab und seilte anschließend zu mir ab. Die Bergwacht kam in Begleitung einer Notärztin, von der ich erstversorgt wurde. Danach brachte man mich ins Sigmaringer Krankenhaus, wo ich nach gründlicher Untersuchung sofort operiert wurde. Neben zahlreichen Prellungen, blutenden Verletzungen, Blutergüsse am ganzen Körper und ausgekugelten Fingergelenken lautete die Hauptdiagnose: »Offene Radiustrümmerfraktur des linken Handgelenks«. Resultat dieser Verletzung war eine Sudeck-Dystrophie Stadium III. Das linke Handgelenk und die Finger waren unbeweglich. Die linke Hand war in einer »Krallhand-Stellung« eingesteift, der Kontakt zwischen Fingern und Daumen war nicht mehr möglich. Eine Krankengymnastin brachte mir nun u. a. bei, wie man einhändig einen Schuh schnüren könne.

Im Sigmaringer Krankenhaus war ich in stationärer Behandlung vom 23.04. bis 15.05.1984. Wegen des Sudecks wurde ich noch vom 18.06. bis 27.07.1984 stationär in der BG-Unfallklinik in Tübingen bei Chefarzt Dr. Reill behandelt. Bei meiner Entlassung sagte mir Dr. Reill: »Herr Neusser, ich kenne mich mit Sudeck sehr gut aus, weil ich darüber meine Habilitationsarbeit geschrieben habe. Ich kenne auch die gesamte Weltliteratur über Sudeck, deshalb weiß ich, dass es wirklich keinen einzigen Fall mit Heilung eines Sudeck dritten Grades gibt. Sie werden also mit 99-prozentiger Sicherheit nie wieder klettern können – und ich verstehe auch etwas vom Klettern, denn ich betreibe auch Klettersport bis Schwierigkeitsgrad V.« Ich wollte aber unbedingt wieder Klettern können – und sei es auch nur im III. Schwierigkeitsgrad …

Die Grundprinzipien des Übens zum Kurieren meiner Verletzung hatte ich in der BG-Unfallklinik in Tübingen gelernt. Für mich stand fest, dass ich mir Übungsgeräte basteln und einen eigenen Übungsplan entwickeln müsste.

Dieser Plan sah primär vor, niemals aufzugeben. Ich würde also bereit sein, mich zu quälen, um mein Ziel zu erreichen und eines Tages doch wieder klettern zu können – und an meiner Willenskraft und am dafür erforderlichen Zeitaufwand würde dieses große Ziel keinesfalls scheitern!

Ich habe rund 10 Monate lang täglich geübt, anfangs ca. vier Stunden pro Tag – meistens morgens eine Stunde vor dem Dienstantritt und da wir zweigeteilten Dienst hatten, konnte ich auch mittags eine Stunde üben. Nach dem Abendessen folgten vor dem Schlafengehen nochmals 2-3 Stunden. Abends trainierte ich oft, während ich mit meiner Frau Birgit Nachrichten, Dokus und Spielfilme am Fernsehgerät ansah. Mit diesem Therapie-Programm erzielte ich großartige Fortschritte, sodass ich bereits am 29.07.1984 im Donautal erstmals wieder klettern konnte (Niklasweg am Aussichtsfels, Schwierigkeit IV-, 2 Seillängen, ca. 65 m hoch). Die linke Hand konnte ich damals meist noch nicht einsetzen und musste oft einarmig klettern, was mir nur dank meiner guten Klettertechnik gelang. Gesichert wurde ich als Nachsteiger von oben durch die zwei überaus guten Kletterpartnerinnen Ira und Cora.

Im August und September konnte ich an Wochenenden mit Freunden bereits zahlreiche Touren bis zu einem Schwierigkeitsgrad V+ klettern und dabei immer öfters auch meine verletzte linke Hand einsetzen. Dabei bemerkte ich, dass das Klettern tatsächlich die beste Therapie für meinen Sudeck war und so konnte ich auch die Übungsgeräte allmählich zur Seite legen. Am 28. August konnte ich erstmals wieder eine Solo-Alpentour unternehmen (Heilbronner Weg, ein Klettersteig in der Nähe von Oberstdorf). Am 24.03.1985 wagte ich den ersten Vorstieg nach meinem Unfall (Schwierigkeit V-) und am 29.03. konnte ich bereits den

Schwierigkeitsgrad VI+ nachsteigen (Sonntagsbummel am Aussichtsfels, Erstbegehung durch Joachim Kleiner 1980). Mit Peter Flämig durchstieg ich später nochmals meine Unfall-Wand »Altweiberroute« am Zuckerhut, wobei ich alle Seillängen vorstieg, um so mein Sturztrauma zu bewältigen. Es lief alles gut. Peter sagte an der Stelle, an der ich stürzte: »Heinz, ich kann mir nicht vorstellen, dass ein Mensch aus dieser Höhe den Aufprall auf diesem Felsband da unten in Kopfsprunghaltung überleben kann.«

Während eines zufälligen Aufenthalts in Tübingen besuchte ich Chefarzt Dr. Reill in der BG-Unfallklinik und zeigte ihm meine Hand. Als ich ihm dann berichtete, dass ich schon wieder hohe Schwierigkeitsgrade klettern könne, meinte er begeistert: »Dann sind Sie wirklich der erste Mensch weltweit, dem dieses Kunststück – Klettern nach Sudeck III – bisher mit Erfolg gelungen ist und Ihre Behandlungs-Methode sollten wir unbedingt in einer medizinischen Fachzeitschrift veröffentlichen. Bitte machen Sie mit meiner Sekretärin einen Termin aus.« – Zu diesem Termin ist es dann aber leider nie mehr gekommen: Nach der Geburt meiner Tochter und dem zusätzlichen Zeitaufwand für meine dreijährige systemische Familientherapieausbildung am Münchner Familienkolleg war neben meiner Berufsausübung einfach keine freie Zeit mehr verfügbar und meine erfolgreiche Behandlungsmethode blieb bis heute leider unbekannt.

Meine Frau Birgit war bereits schwanger, als ich meinen Unfall hatte. Wir erwarteten unser Baby im November 1984. Wäre ich bei meinem Unfall am 23. April ums Leben gekommen, wäre dies für sie ein schweres Trauma gewesen. Aber mein Kletterfreund Michael S. hat sie sofort nach dem Unfall aufgesucht, noch während ich ins Krankenhaus gebracht wurde. Er hatte die Nachricht von meinem Unfall auf sehr beruhigende Weise überbracht (»Heinz hat sich das Handgelenk gebrochen und liegt jetzt auf der Chirurgie«). Über Birgit und unsere Tochter Silvia, die am 02.11.1984 geboren wurde, werde ich in Kapitel 7 ausführlich berichten. In diesem Kapitel werde ich dann über das schlimmste Ereignis meines ganzen Lebens berichten (Unfall, Tod, parapsychologische Erlebnisse und posttraumatische Belastungsstörung).

5.3 Vermisst am Salbitschijen-Westgrat

Der Salbitschijen-Westgrat gehört zu den schönsten, eindrucksvollsten und mit seinen 1200 Klettermetern auf 36 Seillängen zu einer der längsten und besten klassischen Klettertouren im Alpenraum. Die Klettertour führt über sechs Granit-Türme, von denen meist nach Erreichen eines Turms in die folgende Gratscharte abgeseilt werden muss. Turm VI ist der Gipfel (2985 m). Joachim Kleiner wollte diesen unbedingt in einer Dreierseilschaft bezwingen, um seinen 19-jährigen Freund Uli Roos dabeihaben zu können. Ich war dagegen, weil Uli für dieses Unternehmen – noch dazu innerhalb des kurzen zur Verfügung stehenden Zeitrahmens – meines Erachtens überfordert gewesen wäre und ich musste ja am Montagmorgen wieder in der Klinik arbeiten. Eine Dreierseilschaft wäre somit zu langsam, um dieses große Unternehmen – zweitägige Kletterei, plus Zustieg, Abstieg und Autofahrt von Sigmaringen nach Göschenen (250 km) und zurück – erfolgreich über die Bühne bringen zu können. Aber Joachim setzte sich am Ende durch! Am 05.09.1980 kamen wir während der Anfahrt nach Göschenen in ein schweres Gewitter. Bei schlechtem Wetter begannen wir bei völliger Dunkelheit den Aufstieg Richtung Biwak-Schachtel, wo wir die Nacht verbringen wollten. Nach einer Stunde stießen wir auf einen Kuhstall, wo wir im Stroh nächtigten. Die ganze Nacht hindurch schepperten die Kuhglocken im Stall, so dass nur oberflächlicher Schlaf möglich war. Weil draußen alles patschnass war, ließen wir uns am nächsten Morgen viel Zeit bis zum weiteren Aufstieg zur Kletterroute, deren Einstieg wir um 12:00 Uhr erreichten. Die Kletterei im nassen und glitschigen Granitfels war schwierig und zu dritt sehr zeitraubend, sodass wir bereits nach nur 13 Seillängen gegen 19:00 Uhr auf dem Vorgipfelplateau von Turm I biwakieren mussten. Wir zitterten wegen der großen Kälte die ganze Nacht hindurch – Schlafen war nicht möglich.

Eine Schweizer Seilschaft (Rudi und Andre) holte uns im Verlauf des Vormittags ein und weil sie als Zweierseilschaft schneller waren als wir, ließen wir sie überholen. Vom Turm IV seilten sie sich dann aber in die falsche Richtung ab, zogen ihr Seil ab und saßen nunmehr in der Falle. Per Pendelquergang konnte ich sie aus ihrer misslichen Lage befreien. Auch Uli brauchte jetzt öfters Hilfe, manchmal mussten Joachim und ich ihn am Seil hochziehen. Wir bildeten nach der Rettungsaktion zu fünft eine Klettergemeinschaft, mussten aber bei Eintritt völliger Dunkelheit ein äußerst unbequemes Sitzbiwak auf einem schmalen Felsband am Turm VI einrichten. Den letzten halben Liter Wasser teilten wir unter uns Fünfen kameradschaftlich auf. Rudi und Andre hatten zu wenig warme Kleidung dabei und bekamen deshalb meine Strickjacke und Joachims Pulli. Bei Minusgraden in 2900 Meter Höhe wurde die Nacht äußerst ungemütlich. Alle 1 bis 2 Stunden stieß mich Joachim an und meinte: »Jetzt muss doch endlich Sonnenaufgang sein. Ich halte diese Kälte nicht mehr aus.«

Um 6:00 Uhr morgens beendeten wir das Biwak. Es war Montag, 08.09.1980, und in drei Stunden müsste ich in der Klinik sein. Viele Patienten waren einbestellt u. a. auch für eine ambulante Gruppentherapie. Die Vorbereitungen für den weiteren Aufstieg waren so zeitintensiv, dass das Klettern erst um 7:30 Uhr erfolgen konnte. Die beiden Schweizer brachen ihren Vorstiegs-Versuch ab, weil sie mit gefühllosen Händen kein Sturzrisiko eingehen wollten. Sie froren und baten uns, die Führung zu übernehmen, damit wir sie dann von oben nachsichern könnten. Joachim war steifgefroren und konnte deshalb mit klammen Fingern nicht vorsteigen. Im Vorstieg bekam ich bei eisigem Felsen gefühllose Finger und Hände. Es gab in der ersten Seillänge nur wenige und nicht vertrauenswürdige Zwischensicherungen (morsche Holzkeile), die den Sturz eines Vorsteigers wohl nicht gehalten hätten. Wir schafften es trotz aller Schwierigkeiten, um 12:30 Uhr auf dem Gipfel zu stehen. Eine Stunde später erreichten wir beim Abstieg die Salbit-Hütte. Dort erfuhren wir vom Hüttenwirt, dass wir bereits von der Polizei gesucht würden und dass in ein paar Minuten ein Helikopter starten würde, um uns zu suchen. Mit seinem Funktelefon rief der Hüttenwirt die Rettungsflugwacht an und konnte in letzter Minute den Start des Hubschraubers verhindern. Wir stiegen ins Tal ab. Gegen 16:00 Uhr konnte ich in Göschenen aus einer Telefonzelle das Krankenhaus in Sigmaringen anrufen. Dort hatten Ärzte, Pflegepersonal, unsere Sekretärin und meine Patienten verzweifelt auf eine Nachricht von mir gewartet, weil sie das schlimmste befürchtet hatten. Unsere Sekretärin wusste, dass ich das Wochenende im Gebirge verbringen würde und gab diese Information an alle weiter. Mehrere Patientinnen hätten darauf panisch reagiert. Eine Patientin habe gesagt: »Wenn Herr Neusser wirklich in eine Gletscherspalte gefallen ist, dann kann ich mich gleich umbringen, weil er meine einzige Hoffnung war.«

Ein weiteres Telefonat von der Telefonzelle in Göschenen führte ich mit Birgit, meiner späteren Ehefrau. Von ihr erfuhr ich, dass sie sich große Sorgen um mich gemacht hatte, weil ich nicht am Arbeitsplatz erschienen sei. Sie habe deshalb viele Telefonate geführt, meist Auslandsgespräche (für mehr als 200,- DM). So kam es auch zur Suchaktion durch die Schweizer Polizei.

5.4 Besteigung des Walkerpfeilers in der Grandes Jorasses Nordwand (Mont-Blanc-Gebiet) und Rettung durch ein paranormales Ereignis

Von den drei größten und schwierigsten klassischen Alpen-Nordwänden, Eiger-Nordwand, Matterhorn-Nordwand und Walkerpfeiler in der Grandes Jorasses-Nordwand, gilt der Walkerpfeiler als die klettertechnisch wohl schwierigste Nordwand. Der Einstieg befindet sich in 3000 m Meereshöhe, der Gipfel in 4209 m Höhe. Es handelt sich um eine kombinierte Klettertour, d. h. teils muss mit Steigeisen und Eisbeil im steilen Eis geklettert werden, teils mit Slicks (turnschuhartige Kletterschuhe mit profilloser Sohle) im extremen Fels. Sicheres Wetter, alpine Erfahrung und große Ausdauer sind die Grundvoraussetzung für die Besteigung dieser Wand mit ca. 1800 Klettermetern (Schwierigkeit VI/A1). Außerdem muss mit schweren Rucksäcken geklettert werden, mit kompletter Fels- und Eisausrüstung, Lebensmitteln für mehrere Tage, Gaskocher zum Schmelzen von Schnee zur Gewinnung von Trinkwasser und Biwak-Ausrüstung mit warmer Kleidung.

Doch nun zur Vorgeschichte, wie ich zur Besteigung des Walkerpfeilers kam, dem größten alpinen Unternehmen meines Lebens. Am 11.05.1985 lernte ich beim Klettern im Donautal Markus kennen. Wir kletterten zusammen mehrere Touren mit Schwierigkeitsgrad VI+ und VII-. Dabei entstand eine tiefe Freundschaft zwischen uns. Als ich mit ihm Anfang September 1985 in den Dolomiten beim Klettern war, erzählte er mir von seiner Durchsteigung der Totenkirchel-Westwand, wo er ein traumatisches Erlebnis verarbeitet hatte. Diese Geschichte hatte mich sehr bewegt. Auf unseren gemeinsamen Touren lernte ich Markus als einen äußerst angenehmen, introvertierten und psychisch ausgeglichenen Kletterpartner mit hohem Verantwortungsgefühl kennen. Mit Markus habe ich vom 02.08. bis 12.08.1986 meinen Mont-Blanc-Urlaub verbracht. Ungeplante Umstände bewogen uns, u. a. den Walkerpfeiler an den Grandes Jorasses in Angriff zu nehmen, wobei wir kritische Situationen erleben mussten und durch ein paranormales Erlebnis gerettet wurden.

Während der Fahrt nach Chamonix war es unerträglich schwül und wir genossen die Zugluft der geöffneten Fenster. Am nächsten Tag machten wir zunächst zur Akklimatisation eine Eingehtour. Am Morgen danach (Montag, 04.08.) erwachte ich mit starken Halsschmerzen und ich bekam über 39 °C Fieber, suchte einen Arzt auf, der mich wegen einer Grippe für sechs Tage arbeitsunfähig schrieb (Arzthonorar: 100,- FF). Auch Markus bekam grippale Symptome. Und dann erfuhren wir im Büro de la Montagne, der Walkerpfeiler sei aktuell in gutem Kletterzustand, bis auf starken Steinschlag. Da der Walkerpfeiler nur an wenigen Tagen pro Jahr begehbar ist, entschlossen wir uns, zu dieser Wand am Donnerstag (07.08.) aufzubrechen, trotz Halsschmerzen, Schnupfen, Schwäche und leicht erhöhter Körpertemperatur. Am Donnerstagmorgen packten wir unsere Rucksäcke. Mit einer Federwaage stellten wir fest, dass sie zu schwer waren und packten viele Sachen wieder aus, insbesondere Lebensmittel, bis wir ein Rucksack-Gewicht von 19 bis 20 kg erzielt hatten. Gegen 17:00 Uhr erreichten wir die Leschaux-Hütte, von der aus wir am Freitag (08.08.) um 2:00 Uhr bei starkem Wetterleuchten und heftigem Schneefall in Richtung Einstieg aufbrachen. Zu allem Übel fiel auch noch die Stirnlampe von Markus aus, so dass er bei völliger Dunkelheit mehrmals ins Stolpern kam. Schließlich mussten wir auf dem Gletscher biwakieren. Erst um 8:30 Uhr konnten wir mit der Kletterei beginnen. Wir vereinbarten, Markus solle immer die Felspassagen vorsteigen, weil er einfach besser, schneller und sicherer klettern konnte als ich, und ich würde dafür im Steileis vorsteigen, weil ich wiederum beim Eisklettern über mehr Erfahrung verfügte. Anfangs waren wir gefährlichem Steinschlag ausgesetzt und bald setzte wieder heftiger Schneefall ein, so dass unsere Slicks auf den kleinen Spreiztritten keinen Halt mehr fanden. Gegen 17:00 Uhr gerieten wir in ein schweres Gewitter und hatten Glück, dass wir nach 20-minütiger Kletterei im Gewitter einen Schnee- und Eis-Fleck fanden, auf dem wir biwakieren und mit unserem Gaskocher Schnee schmelzen konnten. Zum Abendessen gab es pro Person drei Hartkekse und lauwarmen Tee (der Gewitter-Sturm blies uns ständig die Flamme im Gaskocher aus). Die Biwaknacht war sehr kalt und stürmisch. Zum

Frühstück gab es wieder drei Hartkekse und lauwarmen Tee, für dessen Zubereitung wir erst Schnee schmelzen mussten, wobei der starke Wind mehrmals die Gasflamme ausblies. Um 7:00 Uhr begann das Weiterklettern, obwohl wir sehr froren und unsere Seile vereist waren. Auch der Fels war auf den nächsten ca. 200 bis 300 Metern vereist und somit extrem glatt. Unsere Finger wurden vor Kälte gefühllos. Ich bewunderte Markus – ich hätte mir niemals zugetraut, unter diesen extremen Umständen vorzusteigen! Er musste oft mit seinem Eisbeil Griffe und Tritte vom Eis befreien, bevor er sie zum Klettern verwenden konnte. Noch von der Grippe geschwächt und unter schwierigsten Bedingungen kamen wir nur sehr langsam voran. Weiter oben kamen noch die Effekte der Höhenanpassung hinzu. Wir benötigten oberhalb von 4000 Metern Höhe ständig Pausen wegen hoher Atem- und Herzfrequenz. Um 19:40 Uhr (Samstag) erreichten wir völlig erschöpft den 4208 m hohen Gipfel. Wir wollten möglichst schnell viele Höhenmeter absteigen, damit die Kälte und die Symptome der Höhenkrankheit geringer würden. Dabei wählten wir im Stress den falschen Abstieg, ohne es zunächst zu bemerken. Wir konnten bis auf 3900 Meter Höhe abseilen, dann wurde es dunkel. Es gab weit und breit keine Möglichkeit, einen Haken zu schlagen oder einen Klemmkeil zu legen, um uns beim Biwakieren zu sichern. Der Granitfels war hier äußerst kompakt und selbst zum Biwakieren gab es kaum Platz. Abklettern war nicht möglich, weil unter uns alles überhängend war. Wir zogen deshalb die Seile nicht ab und banden uns an je einem Seil fest, so dass wir nicht abstürzen konnten. Auf einem ca. 30 cm breiten Felsbändchen verbrachten wir zu zweit im Biwaksack sitzend die eisige Nacht. Ich saß mit meiner linken Gesäßbacke und Markus mit seiner rechten Gesäßbacke die ganze Nacht über auf der kleinen Felsleiste. Für die Füße gab es keine Tritte. Alles tat weh und wir froren erbärmlich. Auch zu Essen und zu Trinken gab es nichts mehr. Unsere letzte Mahlzeit war das aus drei Hartkeksen bestehende Frühstück gewesen. Markus resignierte: »Wir werden hier nicht mehr lebend rauskommen.« – Ich entgegnete: »Markus, darüber mache ich mir zum jetzigen Zeitpunkt keine Gedanken. Morgen Früh, wenn es hell ist, werden wir nach Auswegen suchen und dann wahrscheinlich auch eine Lösung finden.«

Und während einer der wenigen und kurzen Schlafphasen hatte ich einen Traum: Aus der Perspektive eines Vogels, der ca. 20 Meter von der Felswand entfernt auf Höhe unseres Biwaks schwebt, sehe ich bei völliger Tageshelle Markus und mich ganz realistisch im Biwaksack sitzend schlafen. Wie bei einem Kameraschwenk bewegt sich mein Blick nach rechts oben, um eine Felskante herum und weiter nach oben zu einem Überhang, der von unserem Biwak aus nicht einsehbar war. Der »Kameraschwenk« geht nun weiter nach oben und oberhalb des Überhangs sehe ich einen kurzen, schmalen Riss. Meine »Kamera« im Traum beginnt zu zoomen und als ich ganz nahe am Riss bin, sehe ich dort zwei Haken stecken! Ich bin hocherfreut und sage: »Da ist eine Abseilstelle, wir sind gerettet« und öffne die Augen – aber da war nur stockdunkle Nacht und der kalte Schnee trieb mir ins Gesicht … Das Merkwürdige aber war, dass ich mir völlig sicher war, dass ich die Abseilstelle auch wirklich gesehen hatte. Ich beschloss, sobald es ausreichend hell wäre, zu dieser Stelle zu klettern. Sofort nach Tagesanbruch sagte ich zu Markus: »Markus, ich klicke jetzt meinen Sicherungskarabiner an deinem Klettergurt ein und klettere seilfrei zu der Abseilstelle da drüben.« – »Bist du wahnsinnig? Da drüben kann niemals eine Abseilstelle sein. Du siehst doch, je weiter nach links, desto überhängender wird die Wand, bis hinunter zum Gletscher. Wir müssen uns nach rechts halten, denn dort ist der Grat, wo sich auch der Normal-Abstieg befindet.« – »Markus, ich erkläre es dir später, warum ich weiß, dass da drüben eine Abseilstelle ist.« – »Mach's bitte nicht, das ist lebensgefährlich, seilfrei dort hinüberzuklettern.« Ich kletterte aber trotzdem los. Als ich an der Felskante ankam, sah ich, dass jenseits der Kante alles tatsächlich so aussah wie im Traum. Ich sah den Überhang und darüber den kurzen Riss. Ich kletterte bis zum Überhang, konnte aber keine Haken sehen. Enttäuscht kletterte ich wieder bis zur Kante zurück, von wo aus ich wieder Blickkontakt mit Markus hatte, der mir sofort zurief: »Diesen Ausflug hättest du dir sparen können. Ich habe doch gleich gesagt, dass dort drüben niemals eine Abseilstelle sein kann.« In mir setzte sich aber die innere Überzeugung durch, dass sich die Abseilhaken doch in diesem Riss befinden müssten. Also kletterte ich wieder zurück und ließ mir nun Zeit, den Riss mit den Augen abzusuchen, doch wiederum ohne Erfolg. Dann tat ich etwas völlig Außerplanmäßiges: Ich quälte mich trotz eiskalter Hände den Überhang hinauf – und im nächsten Moment konnte ich die beiden Haken tief im dunklen Riss erkennen! Wir waren aus einer äußerst misslichen Lage befreit.

Es war Sonntag, 10.08.1986, als wir um 12:30 Uhr auf einer Hütte ankamen, wo wir erstmals seit dem Frühstück vom Samstagmorgen (drei Kekse pro Person) wieder essen konnten. Um 18:00 Uhr waren wir dann wieder in Chamonix und ich konnte endlich meine Frau Birgit anrufen. Den letzten Kontakt mit ihr hatte ich vor mehr als einer Woche. In Chamonix zeigten sich bei Markus leichte

Erfrierungen der Zehen, die danach noch mehrere Tage gefühllos blieben.

Für mich stand danach fest, dass es sich bei meinem Traum um ein paranormales Ereignis gehandelt hatte, in der wissenschaftlichen Parapsychologie »Hellsehen« genannt, bzw. »hellseherischer Traum«. Es gibt drei Arten der außersinnlichen Wahrnehmung: Telepathie, Hellsehen und Präkognition. Im nächsten Kapitel werde ich über ein weiteres paranormales Ereignis berichten. Dabei geht es um den Tod meiner Mutter.

Kapitel 6: Der Tod meiner Mutter, verknüpft mit einem paranormalen Erlebnis

Am 17.03.1987 erlitt meine Mutter einen Schlaganfall mit schlimmen Folgen: Rechtsseitige Lähmung, Alexie (Unfähigkeit, Buchstaben oder Wörter zu lesen), Agraphie (Unfähigkeit, Wörter zu schreiben) und amnestische Aphasie (Wortfindungsstörung). Bei meiner Mutter war die Aphasie so schwer, dass sie außer »ja« und »nein« kein weiteres Wort für eine Unterhaltung zur Verfügung hatte, aber sie konnte alles verstehen, was man ihr sagte, und sie konnte vorgesprochene Wörter nachsprechen. Sie wurde in einem Pflegeheim in Burgau (Landkreis Günzburg) versorgt. Nach einem weiteren Apoplex (Schlaganfall) Anfang November 1987 musste ihr das rechte Bein oberhalb des Kniegelenks amputiert werden.

Ich war vom 01.01.1980 bis 30.06.1987 am Kreiskrankenhaus in Sigmaringen angestellt. Danach wechselte ich an die Roseneckklinik in Prien am Chiemsee, weil ich eine neue berufliche Herausforderungen suchte. In Prien behandelte ich auf einer Spezialstation Patientinnen und Patienten mit Anorexie (Magersucht), Bulimie (Ess-Brech-Sucht) und Adipositas (Fettsucht). Die Arbeit in der Klinik und die Landschaft am Chiemsee hat mir sehr gut gefallen.

Ich war in einer kleinen Ferienwohnung am Chiemsee untergebracht und fand keine Wohnung für meine Familie. Wenige Wochen vor Ende meiner sechsmonatigen Probezeit rief mich mein Sigmaringer Chefarzt Dr. Erbe an. Er wollte wissen, wie es mir in Prien gefalle und ob ich eventuell doch bereit wäre, wieder nach Sigmaringen in seine Abteilung zurückzukommen. Wegen meiner Wohnungssituation sagte ich sofort zu und kündigte meine Arbeitsstelle in Prien zum Jahresende. Bei meiner letzten Fahrt von Prien nach Sigmaringen machte ich in Burgau Zwischenstation und besuchte meine Mutter im Pflegeheim. Ich hätte sie fast nicht mehr wiedererkannt. Sie war extrem abgemagert, wog nur noch knapp 35 kg und sah sehr schlecht aus. Mir schnürte es bei diesem Anblick die Kehle zu, sodass ich zunächst nicht sprechen konnte. Die Begrüßung fand deshalb wortlos statt. Gleichzeitig entwickelte sich bei mir ein Drang zu weinen. Weinen war mir aber unvertraut. Seit meiner Kindheit hatte ich höchstens fünfmal im Wachbewusstsein geweint, zusätzlich noch ca. fünfmal während eines Traums. Ich habe am Bett meiner Mutter mehrmals tief durchgeatmet und danach nur noch sagen können: »Mutti, ich bin gleich wieder da.« Dann rannte ich zu meinem Auto, in dem ich mehrere Minuten lang heftig weinte. Danach kehrte ich zu meiner Mutter zurück... Die Kommunikation mit ihr lief so ab, dass ich alle Sätze als Frage formulierte und meine Mutter nur mit »ja« oder »nein« antworten musste. Dabei stellte ich ihr auch die Frage, ob sie weiterleben wolle. Diese Frage hatte sie ganz entschieden mit »nein« beantwortet. »Du möchtest also lieber sterben?« – »Ja«.

Am 02.01.1988 begann ich wieder meine Arbeitsstelle in der psychiatrischen Abteilung des Sigmaringer Krankenhauses. Ich konnte vorübergehend mit meiner Familie in zwei möblierten Schwesternschülerinnen-Zimmern im Personalwohnheim wohnen. Unsere Möbel und sonstiges Hab und Gut wurden bei einer Spedition eingelagert. Auch in Sigmaringen gab es keine Wohnung zu mieten, also kauften wir einen Bauplatz und planten den Bau eines Hauses. Am 15.02. zeichnete ich bis morgens 3:00 Uhr des Folgetags Bauskizzen, dann legte ich mich schlafen. Plötzlich wurde ich durch ein lautes Klingeln aus dem Schlaf gerissen. Ich machte Licht und sah auf die Uhr. Dann sagte ich mir: »Jetzt gehe ich nicht ans Telefon und öffne auch niemandem die Tür, denn ich habe erst zweieinhalb Stunden geschlafen.« Ich machte das Licht aus und wollte einschlafen, doch keine Minute später ertönte dasselbe Klingeln erneut. Mir schoss der Gedanke durch den Kopf: »Vielleicht ist meine Mutter gestorben, und jemand möchte mir die Todesnachricht überbringen.« Ich wusste damals nicht, ob das Klingeln vom Telefon kam, oder ob jemand an der Tür geklingelt hatte. Ich sprang aus dem Bett und nahm den Telefonhörer ab, aber es war nur das Amtszeichen zu hören. Ich öffnete die Wohnungstür und rief zum Treppenhaus hinunter, dann ging ich auf den Balkon, von wo aus ich die Haustür und eine lange Strecke des Zugangs zur Haustür einsehen konnte, aber weit und breit war kein Mensch zu sehen. Dann wollte ich das Pflegeheim in Burgau und meinen Bruder Franz in Jettingen anrufen, habe mich aber doch dagegen entschieden, weil ich niemanden kurz nach 5:30 Uhr früh wecken wollte, um dann möglicherweise festzustellen, dass dieses ominöse Klingeln nichts mit dem Tod meiner Mutter zu tun hatte. Sollte meine Mutter tatsächlich gestorben sein, dann würde mich Franz am Morgen anrufen. Also legte ich mich wieder schlafen. Gegen 7:00 Uhr klingelte das Telefon und mein Bruder Reinhard war am Apparat und sagte: »Heinz, Franz hat mich soeben angerufen und mich gebeten, dir zu sagen, dass unsere Mutter heute Morgen um 5:35 Uhr gestorben ist.« Meine erste Reaktion war Freude und große Erleichterung: »Gott sei Dank, dass sie endlich sterben durfte und somit nicht mehr leiden muss.« Und dann tauchten viele Erinnerungen an meine Mutter auf, wie in einem inneren Film und ich musste weinen. Meine Mutter war eine liebenswerte, altruistische und fleißige Frau, die sich immer für ihre Familie mit sechs Söhnen aufgeopfert hatte. Sie hatte ein schweres Leben. Geburt und Erziehung von sechs Kindern in schwierigen Zeiten: Krieg, Enteignung, Lagerleben, Vertreibung und danach ein Leben in äußerst ärmlichen Verhältnissen. Ab Ende 1954 war sie Bäuerin und musste täglich morgens und abends die Kühe melken und die täglichen Hausarbeiten verrichten. Sie war die Einzige in der Familie, die kochen oder zerrissene Kleidungsstücke stopfen bzw. nähen konnte. Sie war in der Regel die erste, die morgens aufstand und die letzte, die abends ins Bett ging. Ihre Arbeitszeit war eine Siebentagewoche, ohne arbeitsfreie Tage und ohne Urlaub. Und wenn sie mal grippekrank war, dann arbeitete sie meist auch mit Fieber weiter. – Das alles ging mir jetzt nach ihrem Tod durch meinen Kopf und machte mich traurig. Aber danach setzte sich bei mir die Freude über ihren Tod durch: »Mutti hat es hochverdient, endlich sterben zu dürfen. Jetzt lebt sie in einer besseren Welt und muss nie wieder leiden.« Bei ihrem Tod war sie 79 Jahre alt. Mein Vater starb vier Jahre später im Alter von 91 Jahren.

Wie lässt sich der Tod meiner Mutter mit dem zeitgleichen ominösen Klingeln wissenschaftlich erklären? Fest steht, dass Zufall ausgeschlossen werden kann. Ich habe so etwas nur einmal in meinem ganzen Leben erlebt und der Tod eines Menschen ist auch nur einmal im Leben möglich. Und dass diese beiden Ereignisse, die nur einmal im Leben auftreten, auf die Minute genau zeitgleich stattfinden, schließt somit einen Zufall aus. Telepathie als einzige Lösung ist nicht ausreichend, weil das Klingeln ein physikalischer Vorgang ist. Telepathie ist lediglich eine außersinnliche Wahrnehmung. Die Einwirkung der Psyche auf Materie nennt man in der Parapsychologie »Telekinese« oder »Psychokinese«. Somit hätte ich z. B. zunächst auf telepathischem Weg eine emotionsstarke Nachricht erhalten (der Tod einer Mutter löst für einen Sohn oder eine Tochter fast immer starke Emotionen aus) und weil ich mich infolge großer Müdigkeit im Tiefschlaf befand, hat das Unbewusste einen psychokinetischen Prozess aktiviert (Klingeln). Oder ging die Psychokinese von meiner sterbenden Mutter aus, die sich von ihrem im Tiefschlaf befindlichen Sohn verabschieden wollte? Oder gibt es dazu eine völlig andere Erklärung? Manche Menschen berichten, dass sie von geliebten Verstorbenen besucht wurden! Könnte es also der Geist meiner eben verstorbenen Mutter gewesen sein, der sich von mir verabschieden wollte? Wissenschaftlich beweisen lässt sich weder die eine noch die andere Theorie. Ein naturwissenschaftlicher Erklärungsversuch wäre ebenso wenig beweisbar.

Zur Psychokinese fällt mir gerade ein Fall ein, von dem Prof. Bender in einem Seminar in der Universität Freiburg berichtet hatte: Mehrere Richter mit ihren Ehefrauen waren zu einem Familienfest eines befreundeten Richter-Kollegen eingeladen. Der Tisch war gedeckt, und man wartete nur noch auf den Sohn des Gastgebers, der mit dem Motorrad auf dem Weg nach Hause war. Plötzlich fiel das an der Wand hängende Bild des Sohnes auf den Boden, wobei das

Schutzglas des Bildes mit lautem Krach zerbrach. Gleichzeitig blieb die Uhr stehen und die Mutter des Sohnes erhob sich vom Stuhl und rief: »Um Gottes Willen, unser Sohn ist tot.« Keine halbe Stunde später klingelten Polizeibeamte an der Tür und brachten die Todesnachricht. Nur wenige hundert Meter vom Haus entfernt sei er vor einer halben Stunde mit dem Motorrad tödlich verunglückt, als ihm ein Auto die Vorfahrt genommen hatte. Es gibt viele ähnliche Fälle zur Existenz von Telekinese, aber oft glaubt man den Zeugen nicht. Der eben geschilderte Fall wurde von Prof. Bender mit seinen wissenschaftlichen Mitarbeitern gut recherchiert. Unter den Zeugen befanden sich mehrere Richter, die allesamt glaubwürdig waren.

Kapitel 7: Der schreckliche Unfall vom 5. Januar 1993 und der Abschied von Birgit und Silvia

Kennengelernt habe ich Birgit im Mai 1978 in der Cafeteria der Mensa I der Universität Freiburg. Wir mussten lange Schlange stehen und Birgit stand direkt vor mir. Wir kamen ins Gespräch. Sie schlug vor, dass wir den Kaffee draußen bei strahlender Sonne auf dem Rasen sitzend trinken sollten. Dabei kamen wir uns näher und ich lud sie dann zu einem gemeinsamen Theaterbesuch ein, der zwei Tage später stattfinden sollte. Damals wurden Valentinaden gespielt. Anschließend lud sie mich in ihre Studentenwohnung ein. Seither waren wir zusammen. Es war nicht nur Liebe auf den ersten Blick, sondern eine ganz starke Liebe auf Gegenseitigkeit, die nie enden sollte. Birgit studierte seit Oktober 1976 Sozialpädagogik an der Fachhochschule für Sozialwesen und Religionspädagogik in Freiburg. Ihr achtsemestriges Studium endete im Januar 1981 mit dem Diplom. Sie hatte nur exzellente Noten. Bezüglich des Interesses an sportlichen Aktivitäten waren wir unterschiedlich. Sie bevorzugte gemütliche Spaziergänge, Paddeln mit unserem Faltboot auf der Donau von Beuron nach Sigmaringen, gemütliches Schwimmen, gemütliches Radfahren und im

Winter gemütliches Skifahren. Nur mir zuliebe ging sie ein paarmal zum Klettern mit. Am Gardasee hatte sie mit mir im September 1983 einen Segelsurfkurs gemacht. Wir unternahmen auch mehrere Reisen mit dem Campingbus. Ich habe schnell akzeptiert, dass sie meine sportlichen Aktivitäten zwar sehr schätzte, aber nicht selbst ausüben wollte. Für unsere Liebe war diese Unterschiedlichkeit nicht von Bedeutung. Wir heirateten am 8. Mai 1981.

Am 02.11.1984 kam unsere Tochter Silvia zur Welt. Mit ihr sollten wir sehr viel Freude erleben. Schon als Vierjährige ging sie mit mir ins Donautal zum Klettern, natürlich nur auf leichten und kurzen Touren. Dabei wurde sie sogar beim Klettern von einem SWR-Kamerateam gefilmt und im Fernsehen gezeigt (SWR, »Sport im Dritten«, 21.05.1989). Im Juli 1991 und 1992 führte ich für den DAV Sigmaringen (Deutscher Alpenverein) jeweils ein Erlebniswochenende für Familien mit Kindern zwischen 6 und 10 Jahren im Lechquellengebirge durch (Stützpunkt: Freiburger Hütte). Birgit und Silvia traten deshalb 1991 dem DAV bei. Die Kinder und die Eltern waren alle von diesen Erlebniswochenenden begeistert. Birgit hatte großen Anteil am Erfolg, weil sie zahlreiche Spiele im alpinen Gelände für die Kinder vorbereitet hatte. Unseren letzten gemeinsamen Skiurlaub verbrachten wir im März 1992 zuerst am Feldberg, anschließend auf der Kleinen Scheidegg, am Fuße der Eiger-Nordwand. Mit dem Skifahren im Tiefschnee und beim Umfahren der Randspalten kam die erst 7-jährige Silvia auf der Abfahrt vom Männlichen besser zurecht als ihre Eltern!

Weihnachten verbrachten wir immer bei Birgits Mutter in Wehr/Baden, an der Schweizer Grenze. So auch Weihnachten 1992. Ich musste aber wieder zurück zur Arbeit ins

Krankenhaus Sigmaringen. Am 06.01.1993 sollte ich Birgit und Silvia in Wehr wieder abholen. Doch am 5. Januar kündigte der Wetterdienst für den 6. Januar Eisregen an. Bei täglich strengem Frost bestand somit höchste Glatteisgefahr und im Radio und Fernsehen wurde die Bevölkerung aufgerufen, möglichst das Auto am 06.01. nicht zu benützen. Birgit rief mich deshalb an und bat mich, sie schon heute (05.01.) in der Mittagspause abzuholen. Ihre Mutter würde sie und Silvia den halben Weg (ca. 75 km) bis zu einem Gasthof in Fützen (bei Blumberg) entgegenbringen. Ich verschob daraufhin Patiententermine auf den Abend und fuhr nach Fützen. Es war seit Tagen blauer Himmel und Sonnenschein, mit Temperaturen von mehreren Minusgraden. Die Straßenverhältnisse waren gut. Als ich am verabredeten Gasthof ankam, sprang mir beim Aussteigen aus dem Auto meine heißgeliebte Silvia um den Hals und drückte mich so fest, dass ich fast keine Luft mehr zum Atmen bekam. »Papa, ich habe dich sehr lieb. Ich habe es nicht mehr ausgehalten, bis ich endlich wieder bei dir sein darf.« Mir ging es ähnlich. Silvia und Birgit hatte ich während der letzten Tage sehr vermisst. Ca. 10 Minuten später traten wir die Heimfahrt nach Sigmaringen an.

Wir waren etwa 1 km unterwegs, als wir durch eine von Felsen umrandete und kurvige Schlucht fuhren. Die Straße – zehn Minuten zuvor noch unter strahlendem Sonnenschein – lag jetzt im Schatten. Bei einem Tempo von ca. 60 km/h begann sich mein Auto auf Blitzeis plötzlich zu drehen und rutschte ständig quer zur Fahrtrichtung auf die Gegenfahrbahn, auf der mir gerade ein anderes Auto entgegenkam. Sowohl mein Auto als auch das Gegenfahrzeug, das auch mit ca. 60 km/h unterwegs war, reagierten nicht auf Brems- oder Lenkbewegungen. Es kam zu einem ungebremsten Zusammenstoß: Das entgegenkommende Fahrzeug fuhr mit der Frontseite in meine rechte Beifahrertür. Birgit schlug mit voller Wucht mit dem Kopf gegen das Seitenfenster und war sofort bewusstlos. Silvia prallte mit dem Kopf gegen das rechte hintere Seitenfenster und war ebenfalls sofort bewusstlos. Mit einer Schambeinfraktur rechts und einer Fraktur der 9. Rippe rechts kam ich zunächst glimpflich davon. Deutlich geringere Verletzungen hatte das Ehepaar und der ca. 10 Jahre alte Sohn im Wagen des Unfallgegners. Die Polizei, die schnell an der Unfallstelle war, berichtete, die Straße sei kein bisschen glatt. Es gab aber keinerlei Abriebspuren von Reifen. Die Glätte konnte nach Aussage der Polizei nur zwischen 14:30 Uhr und 14:40 Uhr bestanden haben. Unter der Sonneneinstrahlung habe sich vom nebenan fließenden Wasser eines Baches und vom angrenzenden Schneehang die Luftfeuchtigkeit etwas erhöht und als der Schatten kam, sei die Luftfeuchtigkeit auf der kalten Straßenoberfläche kondensiert. Weil der Eisfilm aber extrem dünn war, habe er sich nach zehn Minuten wieder aufgelöst. Und genau während dieser zehn Minuten der Glätte am helllichten Nachmittag gegen 14:30 Uhr musste ich hier fahren …!

Zwei Hubschrauber landeten. Der eine brachte Birgit ins Unfallkrankenhaus nach Schwenningen, der andere brachte Silvia in die Kinderklinik der Universität Freiburg. Ich wurde mit einem Krankenwagen ins Krankenhaus Donaueschingen gebracht. Sechs Tage später wurde ich in die Unfallklinik Schwenningen verlegt, damit ich täglich bei Birgit sein konnte.

Am Tag des Unfalls konnte ich erst abends das KKH Sigmaringen anrufen und meinen Arbeitgeber darüber informieren. Schon am nächsten Tag besuchte mich mein

Chefarzt Dr. Erbe unter Benutzung von Eisenbahn und Taxis, denn bei extremer Eisglätte war eine Autofahrt nicht möglich. Dabei fuhr er auch nach Freiburg und Schwenningen, um sich auch ein Bild vom Zustand von Silvia und Birgit zu machen, die weiterhin im Koma lagen. Herrn Dr. Erbe habe ich sehr viel zu verdanken. Er stand mir in der schwersten Zeit meines Lebens auf äußerst einfühlsame Weise zur Seite. Das gleiche gilt für meine Freunde Peter Flämig und Manfred Mattes, für die Schwester von Birgit, Diplompsychologin Nati Fellner und ihren Ehemann, Dr. Kurt Fellner, der damals eine Arztpraxis in Bad Aibling betrieb. Als mich Kurt und Nati am 09.01. im Krankenhaus Donaueschingen besuchten, fragten sie mich, ob ich Silvia in der Uniklinik in Freiburg besuchen möchte, sie könnten mich jetzt mit ihrem Auto zu Silvia bringen. Uns allen war dabei klar, dass von diesem Vorhaben niemand vom KKH Donaueschingen etwas erfahren durfte. Also fragten wir nur, ob wir einen Rollstuhl bekommen könnten, damit mich meine Besucher ein bisschen an der frischen Luft spazieren fahren könnten. Wir bekamen einen faltbaren Rollstuhl sowie Krücken und fuhren nach Freiburg.

Silvia lag im Koma vor mir. Äußerlich konnte man keine Verletzungen erkennen. Ich war von meinen Gefühlen überwältigt und sprach zu ihr. Eine junge Ärztin, die ca. zwei Meter entfernt gerade ein Kind versorgte, begann plötzlich laut zu schluchzen. Ich fragte sie, ob ich etwas für sie tun könne. Sie antwortete: »Ich habe alles gehört, was Sie Ihrer Tochter gesagt haben. Und so etwas, was Sie Ihrer Tochter gesagt haben, habe ich noch nie zuvor gehört. Das hat mich sehr bewegt. Ich glaube, so etwas kann nur ein Psychologe sagen.« Danach kam eine Krankenschwester auf mich zu und sagte, der Oberarzt wolle noch unbedingt mit mir sprechen. Nach kurzer Unterhaltung über den aktuellen Zustand von Silvia sagte der Oberarzt: »Herr Neusser, der Hirndruck Ihrer Tochter ist inzwischen genauso hoch wie ihr Blutdruck. Das heißt, das Hirn wird schon seit längerer Zeit nicht mehr mit Blut und Sauerstoff versorgt, so dass es bereits zu einem massenhaften Absterben von Gehirnzellen gekommen ist. Wir müssen leider davon ausgehen, dass Silvia bereits hirntot ist. Der Nachweis hierfür muss von zwei von uns unabhängigen Ärzten erbracht werden, was übermorgen, am Montagmorgen, stattfinden wird. Alle anderen Organe sind völlig unverletzt...« – Dann rang der Oberarzt um Worte. Er konnte plötzlich nicht mehr weitersprechen. Für mich war sofort klar, worum es ging und ich fragte: »Geht es um Organspende?« – »Ja, aber es fiel mir sehr schwer, dieses Thema in Ihrer aktuellen Situation anzusprechen.« Ich befand mich jetzt in einem schweren Entscheidungskonflikt. Einerseits war mir klar, dass Silvias Organe anderen Kindern das Leben retten könnten, andererseits war ich in meiner aktuellen emotionalen Verfassung nicht in der Lage, eine Entscheidung zu treffen. Vor meinen inneren Augen sah ich, wie Silvia »ausgeschlachtet« wird. Das war für mich dermaßen belastend, dass ich am liebsten »nein« gesagt hätte. Wenn sich ein Mensch in einem Entscheidungskonflikt befindet, ist es immer sinnvoll, dass er nach einem Zeitfenster fragt, in dem die Entscheidung vorliegen muss. Also habe ich weder »ja« noch »nein« gesagt, sondern ihm die Frage gestellt: »Bis wann müssen Sie meine Entscheidung wissen?« – »Es reicht, wenn Sie uns Ihre Entscheidung bis übermorgen 9:00 Uhr telefonisch mitteilen.« Ich war damit einverstanden. Jetzt hatte ich ausreichend Zeit, um mit befreundeten oder verwandten Ärzten sowie mit engsten Verwandten und mit Freunden zu reden. Diese

Gespräche waren alle für mich hilfreich. Positiv empfand ich, dass mir niemand geraten hat, wie ich mich entscheiden sollte. Alle waren bereit, mit mir diesen Konflikt ausführlich zu diskutieren. Am Ende des Gesprächs wurde von allen betont: »Du bist der Einzige, der diese Entscheidung treffen kann und wie auch immer du dich entscheidest, es wird eine richtige Entscheidung sein.«

Als mich Nati und Kurt ins Krankenhaus Donaueschingen zurückgebracht hatten, berichteten wir dem Arzt und Pflegepersonal sofort, dass wir keinen Spaziergang an der frischen Luft gemacht hätten, sondern dass wir in Freiburg waren. Alle hatten dafür volles Verständnis. Aus haftungsrechtlichen Gründen hätte man mir keine Erlaubnis für die Fahrt nach Freiburg erteilen dürfen. Für mich und meine Zukunft war es aber sehr wichtig, dass ich mich von Silvia noch verabschieden konnte.

Am Sonntagabend war ich immer noch entscheidungsunfähig bezüglich der Organspende. Die Lösung kam dann nachts in einem Traum. Ich sah in einem Krankenhauszimmer ein etwa 10- bis 12-jähriges Mädchen, schwer krank, an mehreren Infusionsflaschen angeschlossen. Plötzlich trat Silvia an dessen Bett, streichelte sie am Unterarm und sagte: »Du brauchst nicht mehr traurig sein, denn du kannst jetzt mein Herz haben, ich brauche es nicht mehr.« Damit war meine Entscheidung gefallen. Im Traum hatte mir Silvia die Erlaubnis erteilt, dass ich ihre Organe spenden dürfe. Gleich am nächsten Morgen rief ich die Uniklinik Freiburg an und gab die Erlaubnis, dass alle Organe gespendet werden dürften. Bei Silvia wurde inzwischen auch offiziell der Tod nachgewiesen (11.01.1993). Am selben Tag wurde ich in die Unfallklinik nach Villingen-Schwenningen verlegt, um täglich bei Birgit sein zu können, die weiterhin im Koma lag. Meine stationäre Behandlung endete am 23.01.1993, danach bekam ich ein Zimmer im Personalwohnheim.

An dieser Stelle möchte ich über einen weiteren Traum berichten, den ich Mitte Dezember, also drei Wochen vor dem Unfall hatte. Im Traum sehe ich Silvia unter Wasser in der Donau treiben. Ich springe ins Wasser und nehme sie in meine Arme. Silvia ist tot und ich weine bitterlich. Ein Arzt im weißen Kittel kommt auf mich zu und bittet mich um die Transplantate von Silvia. Ich brülle ihn voller Schmerz und Verzweiflung an: »Das kommt auf keinem Fall in Frage.« Ich mache mir schwere Vorwürfe, weil ich nicht genügend auf sie aufgepasst habe. Dann erwachte ich von diesem schrecklichen Traum und weinte auch im Wachbewusstsein noch mindestens eine weitere halbe Stunde. Sofort stand für mich fest, dass weder Birgit noch Silvia von diesem Traum erfahren dürfen. Mehrere Tage lang quälte mich dieser Traum. Nie zuvor hatte ich einen Traum, in dem Silvia gesundheitlich beeinträchtigt oder gar tot war. Ich fasste den Entschluss, künftig auf Silvia besser zu achten. Das hatte auch zu einer möglicherweise tödlichen Entscheidung meinerseits geführt. Silvia nahm unmittelbar vor unserem Unfall hinter dem Fahrersitz Platz. Rechts neben ihr befand sich ein Umzugskarton, gefüllt mit Wäsche. Als ich dies sah, musste ich an meinen Traum denken und sah Silvia in Gefahr. »Wenn ein entgegenkommendes Auto die linke Seite meines Autos touchiert, dann ist Silvia in Lebensgefahr.« Also bat ich Silvia, rechts hinten einzusteigen. Den Karton schob ich auf die linke Seite. Da kurz darauf das entgegenkommende Auto in meine rechte Seite fuhr, bedeutete dies schließlich den Tod von Silvia. Hätte ich sie links sitzen lassen, hätte sie allenfalls geringe Verletzungen davongetragen. Ohne den obengenannten Traum hätte ich sie links sitzen lassen, denn ich hatte mir nie zuvor darüber Gedanken gemacht, ob sie hinten links oder rechts sitzen sollte …

Täglich saß ich mehrere Stunden lang bei meiner komatösen Birgit, in der Hoffnung, dass sie bald aus dem Koma erwachen möge. In der Nacht vom 22. auf 23.01. hatte ich wieder einen bewegenden Traum: Ich stand vor einer extrem hohen senkrechten Mauer. Ein kleiner Schlitz tat sich auf und ich konnte die andere Seite jenseits der Wand betrachten. Ich sah Silvia gemeinsam mit Engeln im Paradies voller Freude schweben. Schließlich schwebte sie zu mir an den Schlitz und sagte: »Papa, hier ist es wunderschön. Mir geht es extrem gut und Mama darf in ein paar Tagen auch hier sein. Nur du lieber Papa musst noch sehr lange warten, bis du auch kommen darfst. Und du darfst nie vergessen, dass ich dich sehr lieb habe!« Ich erwachte von diesem wunderschönen Traum und wusste ab diesem Augenblick, dass Birgit auch sterben würde. Am Morgen danach kam der Chefarzt von Birgits Intensivstation zu mir und sagte: »Herr Neusser, alle Messwerte ihrer Frau haben sich inzwischen normalisiert. Ihre Frau wird mit 99-prozentiger Sicherheit überleben.« – Ich entgegnete: »Ich weiß, dass meine Frau in ein paar Tagen sterben wird.« – »Dazu gibt es aus medizinischer Sicht keinerlei Hinweise. Woher wollen Sie denn wissen, dass Ihre Frau in ein paar Tagen sterben würde?« – Es gab danach noch ein kurzes Gespräch, das aber nichts mehr an meiner oder seiner Überzeugung änderte. Am 27.01., kurz vor 22:00 Uhr, verabschiedete ich mich von Birgit, mit der festen Überzeugung, dass sie innerhalb der nächsten 24 Stunden sterben würde, mit den Worten: »Liebe Birgit, es kann sein, dass du in den nächsten

Stunden Silvia sehen wirst. Wenn du sie gesehen hast, wäre ich dir sehr dankbar, wenn du mir dies mitteilen könntest. Ich weiß zwar nicht wie, denn du kannst zur Zeit weder sprechen noch mir mit deinem Finger ein Zeichen geben. Aber vielleicht funktioniert es über einen Traum, in dem du mir etwas mitteilen könntest. Das habe ich schon oft in meinem Leben erlebt.« Danach begegnete ich dem Oberarzt der Intensivstation und berichtete ihm, dass ich spüre, dass Birgit in wenigen Stunden sterben würde.

Ich äußerte die Bitte, man möge mich sofort anrufen, egal zu welcher nächtlichen Uhrzeit, denn ich möchte dabei sein, wenn Birgit diese Welt verlässt. Der Oberarzt war zwar der Meinung, dass aktuell keine Lebensgefahr bestünde, gab mir aber sein Diensthandy mit, da er jetzt Feierabend hatte. Die Nacht verlief aber ruhig. Ich hatte auch keinen Traum. Ich gab am Morgen das Diensthandy auf der Intensivstation ab. Dabei wurde mir gesagt, heute müsste ich gut eine Stunde draußen vor der Stationstür warten, weil der Chefarzt, Oberarzt und Stationsarzt mit der Wundversorgung und dem Verbandswechsel bei Birgit beschäftigt seien. Man würde mich hereinrufen, sobald diese Arbeit abgeschlossen sei. Während ich ca. eine Stunde lang vor der Tür mit Zeitunglesen beschäftigt war, äußerte sich innerhalb weniger Sekunden plötzlich ein starker innerer Impuls, verknüpft mit dem Gedanken: »Ich muss sofort zu Birgit.« Ich legte den Mundschutz an und klingelte an der Tür zur Intensivstation. Im selben Moment war der Türöffner zu hören und ein Intensivpfleger sagte: »Herr Neusser, gerade war ich unterwegs, um Sie hereinzuholen. Soeben sind die Ärzte mit Ihrer Frau fertig geworden. Ich soll Ihnen ausrichten, dass sich alle Messwerte weiter verbessert haben und dass Ihre Frau am Leben bleiben wird.« Mit meinen

Krücken ging ich zum Bett meiner Frau und schaute mir noch alle Messwerte an. Tatsächlich, alle Werte lagen im Normbereich. Ich ging um das Bett herum, stellte meine Krücken an die Wand, nahm Birgits rechte Hand in meine Hand, streichelte mit meiner linken Hand ihren rechten Unterarm und sagte: »Hallo Birgit! Ich, der Heinz, bin bei dir und ich habe dich sehr lieb.« Wenige Sekunden später fingen die Geräte an, laut zu pfeifen und alle Messwerte fielen auf die Nulllinie. Ich wollte den Pfleger rufen, aber mir schnürte es die Kehle zu, so dass ich keinen Laut äußern konnte. Mit Krücken zum ca. 10 Meter entfernten Pfleger zu laufen, hätte zu lange gedauert. Also klatschte ich laut in die Hände. Der Pfleger kam angerannt, drehte alle Regler auf Maximum und holte den Oberarzt, der schließlich alle Geräte abschaltete, die linke Hand von Birgit ergriff und zu mir sagte: »Herr Neusser, jetzt müssen wir sie gehen lassen.« Es war der 28. Januar 1993, 11:42 Uhr, als Birgit starb. Bei mir und beim Oberarzt liefen die Tränen. Die Tatsache, dass Birgit nur auf mich gewartet hatte, um 5 bis 10 Sekunden nach der Begrüßung zu sterben, war für mich ihre nonverbale Nachricht an mich, dass sie wieder mit Silvia zusammen ist, worum ich sie gegen 22:00 Uhr des Vorabends gebeten hatte. Zufall kann ausgeschlossen werden.

Zur Todeszeit wohnten Birgits Schwester Nati und ihr Mann Kurt in unserem Haus in Sigmaringen, wo sie auch unsere Hündin »Flori« versorgten (ein Mischling zwischen Schäferhund und Appenzeller). Nachdem ich Nati und Kurt von Birgits Tod telefonisch informiert hatte, begann Flori ein mehrere Minuten andauerndes lautes »Wolfsgeheul«, das wir noch nie zuvor von ihr gehört hatten. Hat Flori verstanden, worum es beim Telefongespräch ging? War das

»Wolfsgeheul« Ausdruck von Floris Trauergefühl? Birgit, Silvia und Flori empfanden stets enge Gefühle füreinander.

Die Beerdigung fand am 5. Februar statt. Nach Angaben des Pfarrers waren mehr als 350 Trauergäste anwesend. Darunter waren sehr viele Kinder, Silvias komplette Schulklasse, die Kinder von mehreren Sportvereinen, in welchen Silvia aktives Mitglied war u. a. Ich selbst war in einem psychischen Ausnahmezustand, wie ich ihn noch nie erlebt hatte. Mein Chef Dr. Erbe war mir dabei eine sehr große Stütze. Er erzählte mir auch bei zahlreichen Besuchen, dass er sich mir gegenüber nicht nur als mein Chef fühle, sondern auch als guter Freund. Aktuell würden er und alle ärztlichen Kollegen mich sehr vermissen. Ein Patient sei aktuell in stationärer Behandlung, der psychodiagnostisch und psychotherapeutisch sehr schwer beurteilbar und behandelbar sei. »Alle warten sehnsüchtig auf Herrn Neusser«. Deshalb bat mich Dr. Erbe, ob ich möglichst bald wieder zur Arbeit kommen könnte. Er würde mir alle Zeit der Welt zugestehen und ich bräuchte auch nicht mehr als einen Patienten pro Tag zu diagnostizieren oder behandeln. Ich willigte sofort ein und begann, soweit ich mich erinnern kann, bereits eine Woche nach der Beerdigung wieder mit meiner Berufstätigkeit. Das tat ich auch sehr gerne, insbesondere unter dem wohlwollenden Arbeitsklima in unserer Abteilung. Meine Krücken konnte ich unmittelbar vor Arbeitsbeginn beiseite legen. Neben meinem Chef Dr. Erbe machte auch der Klassenlehrer von Silvia einen Besuch bei mir zu Hause. Er erzählte mir sehr viel über Silvias Verhalten und ihre schulischen Leistungen. Sie sei in der Klasse sehr beliebt gewesen und sei eindeutig die Klassenbeste gewesen. Sie habe durch ihre Ideen immer wieder zum Gelingen des Unterrichts beigetragen. Waren andere

Kinder miteinander im Streit, sei es ihr stets mit sehr viel sozialer Kompetenz gelungen, den Streit zu schlichten. Bei den letzten Bundesjugendspielen 1992 hatte sie im Dreikampf (Laufen, Weitsprung, Weitwurf mit Schlagball) mit 975 Punkten die beste Leistung von ca. 100 Kindern ihres Jahrgangs der vier Grundschulklassen erzielt und somit eine Ehrenurkunde erhalten. In Intelligenztests, die ich aus persönlichem Interesse bei ihr durchgeführt hatte, erzielte sie Höchstwerte (meist um IQ=145). Aber wichtiger für uns war stets, dass Silvia ein ausgesprochen liebenswertes Kind war. Ich vermisse sie seit ihrem Tod täglich genauso wie meine liebenswerte Birgit.

Kapitel 8: Sportliche Aktivitäten helfen, das Trauma zu überwinden und wieder inneren Halt zu finden

Für mich begann nun der schlimmste Abschnitt meines Lebens. Zwölf Tage nach der Beerdigung von Birgit und Silvia hatte ich meinen 45. Geburtstag. Ich wollte weder meinen Geburtstag feiern, noch Glückwünsche oder gar Geschenke annehmen. Meine weiteren Geburtstage habe ich übrigens seit dieser Zeit nie wieder gefeiert. Der Wiedereinstieg ins Berufsleben gelang mir, ca. eine Woche nach der Beerdigung von Birgit und Silvia, durch das einfühlsame Verhalten meines Vorgesetzten Dr. Erbe und meiner ärztlichen Kollegen, einschließlich des Pflegepersonals überraschend gut. Ich konnte mich auch gut auf meine Patienten konzentrieren. Erst wenn ich nach Feierabend zu Hause angekommen war, tauchten die inneren Bilder des Traumas auf und ich musste erst einmal für ein paar Minuten die Tränen laufen lassen, was mir auch sehr guttat. In der Folgezeit merkte ich, dass meine mir gut vertraute innere Struktur ausgelöscht war, und mir die neue innere Struktur völlig unvertraut war. Ich war mir selbst fremd geworden. Mit dem entstandenen inneren Chaos kam ich lange Zeit nicht klar. Dinge, die ich vor dem Trauma leidenschaftlich gern tat (z. B. Klettern), interessierten mich plötzlich kaum noch. Wenn mich jemand anrief, weil er (oder sie) mit mir zum Klettern gehen wollte, sagte ich ab und zwang mich dann etwas später dazu, allein ins Donautal zum Klettern zu fahren. Beim Aufstieg zu den Kletterfelsen spürte ich dann, wie der innere Druck stetig anstieg. Es entwickelte sich eine seelische Qual, wie sie mir in meinem bisherigen Leben völlig fremd war. Ich wandte dann oft Kenntnisse aus der Schreitherapie an, indem ich die beiden Namen »Birgit« und »Silvia« mit aller Kraft in den Bergwald hinaus brüllte. Ich lauschte dem Echo und wiederholte das ganze mehrmals, bis ich vor lauter Weinen nicht mehr brüllen konnte. Beim Klettern selbst war ich gut abgelenkt und es ging mir wieder gut. Nach Durchsteigung einer Wand saß ich noch längere Zeit auf dem Felskopf und Erinnerungsbilder stiegen auf. Ich sah hinüber zu jenem Felsen, auf den im Herbst 1992 Silvia vier Seillängen hochklettern durfte (mit zwei weiteren Kindern) und festgebunden auf meinem Rücken auf der fast 50 Meter hohen überhängenden Seite abseilen durfte. Es sollte ihr letztes Abenteuer mit ihrem Papa gewesen sein.

Dr. Erbe ging am 31.03.1993 in den wohlverdienten Ruhestand. Unsere neurologisch-psychiatrische Abteilung bekam nun einen neuen Chefarzt (Dr. M.). Mit ihm sollte mein weiteres Leben eine Wende nehmen. Sein Verhalten mir gegenüber und seine Persönlichkeitsstruktur entpuppte sich nach kurzer Zeit als das krasse Gegenteil seines Vorgängers. Dr. M. sorgte dafür, dass ich bis zum Beginn meiner Rente in der Regel durchschnittlich mehr als 20 Überstunden pro Woche machte (manchmal erreichte ich bis zu 40 Überstunden in einer Woche), bei einer normalen wöchentlichen Arbeitszeit von 38,5 Stunden. Bezahlt wurden diese Überstunden in der Regel nicht. Durch die hohe Patientenzahl musste ich viele Arztbriefe, Testbefunde und Gutachten diktieren, was nur nach Feierabend möglich war. Dreimal wöchentlich arbeitete ich in der Regel von morgens 8:00 Uhr bis abends 22:30 Uhr, unterbrochen von einer 30-minütigen Mittagspause. Dennoch blieben viele Briefe liegen, weshalb mir eine Abmahnung und im Wiederholungsfall eine Kündigung angedroht wurde. Unter diesem Druck bekam ich verschiedene Krankheitssymptome. Auf Drängen meiner Hausärztin unterzog ich mich vom 21.10. bis 02.12.1997 einer Reha-Maßnahme in der Klinik Alpenblick in Isny-Neutrauchburg.

Unter dem enormen Druck am Arbeitsplatz mit durchschnittlich mehr als 20 Überstunden pro Woche kam es zu einer zunehmenden Chronifizierung meiner »posttraumatischen Belastungsstörung (PTBS)«, u. a. mit chronischen psychischen Erschöpfungszuständen, Dauer-Tinnitus mit Abnahme des Hörvermögens und täglich auftretenden Flimmerskotomen, zum Teil mehr als eine Stunde anhaltend. Wegen der vielen Überstunden hatte ich keine Zeit mehr für soziale Kontakte, mit der Folge, dass ich im Privatleben sozial weitgehend isoliert war. Einladungen von Freunden, mit ihnen in die Berge zu fahren, musste ich fast immer absagen, weil die Abfahrtszeiten meist freitagnachmittags waren und Dr. M. mir nie erlaubte, an einem Freitag Überstunden abzufeiern oder einen Urlaubstag zu nehmen. Somit war ich genötigt, Bergtouren allein zu unternehmen. Das Durchsteigen von Alpenwänden im Alleingang hat mir großen inneren Halt gegeben. Zwei Beispiele möchte ich an dieser Stelle näher beschreiben.

8.1 Abbau von psychischem Stress durch Klettern

Meinen Urlaub im August 1994 verbrachte ich allein in den Dolomiten. Da ich seit dem Tod von Birgit und Silvia infolge der hohen Überstundenzahl nie Zeit und Gelegenheit hatte, an meiner posttraumatischen Belastungsstörung zu arbeiten und meinen quälenden Zustand nur durch sportliche Aktivitäten erträglich gestalten konnte, wollte ich meinen Urlaub allein in den Dolomiten verbringen. Während ich gerade in einer senkrechten Wand kletterte, hatte ich nie das Gefühl, allein zu sein. Gedanklich, emotional und spirituell waren Birgit und Silvia stets bei mir und ich unterhielt mich oft mit lauter Stimme mit meinen Lieben. Dabei liefen mir die Tränen über die Wangen und ich verspürte eine starke Sehnsucht nach den Beiden. Bei einer Verschnaufpause schaute ich nach unten und ich sagte: »Ich brauche gar nicht springen, nur beide Hände loslassen und ich bin nach ca. 200 Metern freien Falls bei Birgit und Silvia.« Im selben Moment tauchte einer der drei Engel (vom Nahtoderlebnis 1969) als inneres Bild auf und sagte: »Wenn du glaubst, du bist dann in wenigen Sekunden bei Birgit und Silvia, dann täuschst du dich. Du bist vom lieben Gott noch nicht eingeladen, jetzt schon zu kommen. Du musst warten, bis er dich eingeladen hat. Wenn du dich jetzt fallen lässt, dann wird es noch länger dauern, bis du mit Birgit und Silvia wieder zusammen sein darfst.« Von da an war mir klar, dass Suizid niemals in Frage kommen darf.

Das zweite Beispiel betrifft die Durchsteigung der Watzmann-Ostwand im Alleingang am 16.08.1997, mit fast

1800 Höhenmetern nach der Eiger-Nordwand die zweithöchste Wand der Alpen. Diese Wand sollte man nur bei sicherem Wetter angehen. Die Watzmann-Ostwand ist die Wand mit den meisten tödlichen Bergunfällen des gesamten Alpengebiets. Ursachen sind meist Wetterstürze, Steinschlag oder Orientierungsprobleme, also Routenfindung bzw. »Verhauer«. Von den drei klassischen Routen »Salzburger Weg«, »Kederbacher Weg« und »Berchtesgadener Weg« hatte ich die schwierigste Route bereits im August 1981 mit Joachim Kleiner durchstiegen. Mein chronischer Zustand einer posttraumatischen Belastungsstörung bei gleichzeitiger Überlastung am Arbeitsplatz hatte sich aber inzwischen dermaßen verschlimmert, dass ich in der Alleinbegehung der Watzmann-Ostwand (Berchtesgadener Weg, Schwierigkeit III) eine Chance zur Erlangung von mehr innerer Ausgeglichenheit sah. Für das Wochenende 16./17. August 1997 war gutes Wetter vorhergesagt. Wenn alles reibungslos verläuft, braucht man für diese Bergtour drei Tage:

Am Freitag Anreise und Überfahrt auf dem Königssee mit einem Linienschiff nach St. Bartholomä, dort Übernachtung in einem Lager für Ostwandbegeher. Am Samstagmorgen um ca. 4:00 Uhr aufstehen, Frühstücken, mit Stirnlampe zum Einstieg an der Wand gehen und gegen 6:00 Uhr mit der Kletterei beginnen. In der Regel benötigt man einen ganzen Tag bis zum Gipfel (2713 m), einschließlich ca. zweieinhalb Stunden Abstieg vom Gipfel bis zum Watzmann-Haus (1930 m). Dort Übernachtung. Am Sonntagmorgen Abstieg zum Autoparkplatz und Heimfahrt. Ankunft am Sonntagabend in Sigmaringen. Also werden für dieses Unternehmen drei Tage benötigt. Somit stand fest, dass ich die Watzmann-Ostwand nur besteigen könnte, wenn ich für den nächsten Freitag entweder acht Überstunden abfeiern (es hatten sich inzwischen schon mehrere hundert Überstunden angesammelt) oder einen Tag Urlaub nehmen würde. Ich wandte mich sofort an meinen Arztkollegen mit der Bitte, die Freitagsvisite auch für meine Patienten zu übernehmen, weil ich eine Bergtour unternehmen wolle, für die ich drei Tage benötigte. Dass es sich dabei um die Watzmann-Ostwand handelt, habe ich niemandem verraten, weil sich dann womöglich schnell das Gerücht verbreitet hätte, dass ich diese »Mord-Wand« nur deshalb durchsteigen wolle, um darin meinen Tod zu finden. Mein Arztkollege war mit meiner Bitte sofort einverstanden, zumal ich die Patienten-Termine, die für diesen Tag vorgesehen waren, auf die Abende davor vorgezogen hatte. Ich ging daraufhin zum Chefarzt, um die Freistellung für den nächsten Freitag genehmigen zu lassen. Er sagte: »Das Abfeiern von Überstunden ist freitags nicht möglich. Maximal ein Nachmittag pro Woche und nur montags, dienstags, mittwochs oder donnerstags.« Ich entgegnete: »Ich habe von Montag bis Donnerstag immer nachmittags oder abends Gruppentermine – ambulante und stationäre Gruppentherapie oder Entspannungstraining. Also könnte ich meine Überstunden dann ja nie abbauen. Was den nächsten Freitag betrifft, so brauche ich diesen Tag, weil ich etwas vorhabe, was nur in drei zusammenhängenden Tagen möglich ist. Wenn ich keine Überstunden dafür verwenden darf, dann beantrage ich einfach dafür einen Tag Urlaub.« Seine Antwort: »Einen Urlaubstag an einem Freitag werde ich Ihnen definitiv nicht genehmigen.« – »Dann muss ich Sie jetzt über mein Vorhaben informieren, was ich eigentlich vermeiden wollte. Ich habe eine Bergtour geplant, für die drei Tage nötig sind. Wenn ich am Freitag nicht frei bekomme, dann werde ich versuchen, diese Bergtour in zwei Tagen zu schaffen. Dann muss ich Sie aber darauf hinweisen, dass dann für mich eine erhöhte Lebensgefahr besteht« – »Ob Sie dann in Lebensgefahr sind, das interessiert mich nicht. Sie bekommen auf keinen Fall einen freien Freitag.« Also musste ich am Freitag arbeiten und wie es der Zufall wollte, musste ich kurz vor Feierabend einen Patienten notfallmäßig aufnehmen, so dass meine Abfahrt Richtung Watzmann erst kurz vor 19:00 Uhr erfolgen konnte. Völlig übermüdet fuhr ich nach Bad Aibling, wo bei Birgits Schwester Nati ein paar Stunden Schlaf vorgesehen waren. Unterwegs fielen mir während der Autofahrt infolge von Übermüdung mehrmals die Augen zu. Einmal schlossen sich meine Augen unbemerkt. Als ich sie wieder öffnete, fuhr ich bereits in der Straßenmitte, der Mittelstreifen befand sich genau unter der Mitte meines Autos. Ein möglicher Gegenverkehr hätte keine Ausweichmöglichkeit gehabt, denn links befand sich eine Leitplanke und rechts eine Felswand. Ich machte nach diesem Erlebnis mehrere Schlafpausen im Auto und kam erst nach Mitternacht in Bad Aibling an. Am Samstagmorgen fuhr ich noch bei Dunkelheit weiter nach Königssee. Ich verpasste das erste Schiff nach St. Bartholomä und mir war klar, dass eine Durchsteigung der Watzmann-Ostwand nur noch möglich wäre, wenn ich sehr schnell klettern würde, was mit einem schweren Rucksack wiederum nicht möglich wäre. Also leerte ich meinen Kletterrucksack aus. Bis auf meinen Helm, Klettergurt, einen Karabiner und eine ca. 4 Meter lange 5-mm-Reepschnur, mit der ich mich im Falle einer Biwaknacht sichern könnte, nahm ich keine Kletterausrüstung mit. Im Rucksack befanden sich nur ein Biwaksack, Handschuhe und eine Trink-Flasche mit

0,75 Liter Wasser. Ich verzichtete auch auf die Mitnahme von Kletterschuhen, Steigeisen und Eispickel. Einziges Schuhwerk waren Bergwanderschuhe, die ich angezogen hatte, mit denen ich aber im Firnfeld ziemlich sicher Probleme bekommen könnte. Mit dem zweiten Schiff erreichte ich St. Bartholomä und ging sofort weiter zum Einstieg an der Ostwand, den ich um 11:00 Uhr erreichte. Unmittelbar vor dem Einstieg hörte ich plötzlich jemanden meinen Namen laut rufen: »Hallo Heinz, bist du es?« Ich schaute nach oben und sah mehrere Seillängen über mir im Salzburger Weg eine Zweierseilschaft. Es war Manfred Mattes, der gerufen hatte. Er hatte vermutet, dass ich die Ostwand besteigen würde, weil er meinen Watzmann-Führer ausgeliehen hatte, den ich vor wenigen Tagen dringend selbst benötigte. Ich kletterte zügig weiter und konnte zwei bis drei Stunden später mehrere Seilschaften überholen, die morgens mit dem ersten Tageslicht eingestiegen waren. Sie waren mit dem Einschlagen von Haken beschäftigt, weshalb ich sie fragte, warum sie hier Haken einschlagen würden. »Wir seilen wieder ab.« – »Warum?« – »Schau mal nach oben, es kündigt sich ein Wettersturz an!« Tatsächlich! Ab Wandmitte bis über den Gipfel hinaus lagen dichte Wolken! Ich kletterte als einziger weiter und verschwand bald in den Wolken. Gelegentlich war ich Steinschlag ausgesetzt. Die Felsbrocken konnte ich nur hören, aber nicht sehen, so dass auch keine Ausweichmanöver möglich waren. Die Sichtweite betrug meist nur noch 5 bis maximal 20 Meter, weshalb die Orientierung äußerst schwierig war. Mehrmals verstieg ich mich, kam dabei in fast senkrechte, brüchige Felsbereiche, musste deshalb mehrmals über viele Höhenmeter und bis zum Schwierigkeitsgrad V wieder abklettern und durch Quergänge um Kanten herum den

Weiterweg suchen. Schließlich erreichte ich den Gipfel (2713 m). Ich hatte Glück: Es gab kein Gewitter und es fielen nicht einmal Regentropfen. Mit Blick nach Westen gab es nur blauen, wolkenlosen Himmel und ich konnte vom Gipfel die gerade untergehende Sonnenscheibe sehen. Ich drehte mich nach Osten: Nur dichte Wolken! Dann sah ich in der weißen Wolke plötzlich einen menschlichen Schatten und um den Kopfschatten herum leuchteten die Regenbogenfarben – wie bei einem »Heiligenschein«. So etwas hatte ich noch nie gesehen! Natürlich war mir sehr schnell klar, dass es sich um meinen eigenen Schatten handelte. Ich musste jetzt noch zweieinhalb Stunden bei Dunkelheit bis zum Watzmann-Haus absteigen, dabei fiel mir auch noch die Stirnlampe aus. Gegen Mitternacht erreichte ich die Hütte (1930 m). Der Hüttenwirt war gerade beim Abkassieren der Gäste, als ich in die Stube eintrat. »Woher kommen Sie denn so spät? Etwa von der Watzmann-Ostwand?« – »Ja. Haben Sie für mich noch ein Schlaflager?« – »Selbstverständlich! – Darf ich Ihnen einen Schnaps anbieten?« – »Normalerweise trinke ich keinen Schnaps, aber heute mache ich mal eine Ausnahme.« Ich bekam einen »Doppelten«, danach musste ich ihm ein Interview zur Ostwand-Begehung geben.

Am Sonntagmorgen stieg ich nach Königssee ab, fuhr mit dem Auto nach Hause und erreichte gegen 19:00 Uhr Sigmaringen. Die Watzmann-Ostwand-Besteigung im Alleingang unter all den beschriebenen Schwierigkeiten hat in der Tat für viele Wochen meine oben beschriebenen Symptome deutlich verbessert. Trotzdem möchte ich diesen Weg zur »Heilung« niemandem empfehlen, weil er absolut lebensgefährlich ist! Dass es ähnlich wirksame Methoden gibt, die aber völlig ungefährlich sind, dazu später mehr im

Beitrag zum »therapeutischen Klettern« (Ende von Kapitel 9). Erwähnenswert ist noch die Tatsache, dass ich in der von Wolken umhüllten Ostwand nie Angstgefühle erlebte, weil ich mich nie allein gefühlt hatte. Meine Birgit und meine Silvia waren stets bei mir: Gedanklich, emotional, spirituell und kommunikativ.

8.2 Abbau von psychischem Stress durch Rennradfahren

In meinem Leben spielte Sport seit meinem schweren Unfall von 1960 eine große Rolle. Ich begriff schon als 12-jähriger Junge, wie wichtig Sport ist, um nach Krankheiten oder schweren Verletzungen wieder zu genesen und schwere Behinderungen abzumildern. Lauftraining und Schwimmen spielte dabei immer eine wichtige Rolle. Seit ich in Sigmaringen wohnte, entfiel das regelmäßige Schwimmen, weil es hier kein Hallenbad gibt und das Freibad im Sommer Öffnungszeiten hatte, zu denen ich natürlich berufstätig war. Dafür lernte ich 1980 im Krankenhaus den Oberarzt Dr. Roland Glaser kennen, zu dem sich eine sehr gute Freundschaft entwickelte. Er motivierte mich für den Rennradsport, nachdem infolge von starken Kniebeschwerden seit Ende Oktober 1979 Joggen nicht mehr möglich war. Kniebeschwerden bekam ich nach einem zu schnellen Abstieg von der Scheienfluh. Roland sagte zu mir, wenn ich ein Jahr auf Lauftraining verzichten und stattdessen viel mit dem Rennrad fahren würde, dann könnten sich meine Kniebeschwerden zurückbilden. Und genau das habe ich befolgt und habe in der Folge nie wieder Kniebeschwerden bekommen. Zweimal wöchentlich war ich mit Roland mit dem Rennrad unterwegs. Später trat ich dem RSC Sigmaringen bei mit ab sofort höherer Trainingsintensität. Über den RSC (Radsport-Club) lernte ich Ernst Steffen kennen, einen Sonderschullehrer; auch zu ihm entwickelte sich eine sehr enge Freundschaft. Ernst motivierte mich zur Teilnahme an internationalen Radmarathons; mehrere davon habe ich mit ihm gemeinsam gefahren, darunter meinen ersten (14. Alb-Extrem '97, 300 km/4800 hm) und 2003 meinen längsten (Styrkepröven-Radmarathon in Norwegen, von Trondheim bis Oslo, 540 km/4304 hm) – natürlich innerhalb eines Tages. Und ausgerechnet beim längsten Radmarathon musste ich mit mehreren Handicaps kämpfen. Am Tag vor dem Start hatte ich mir den Magen verdorben und das ganze Mittagessen wieder erbrochen. Auch zum Abendessen konnte ich bei weiterhin bestehender Übelkeit keine Nahrung zu mir nehmen. Ernst meinte: »Dein letztes Essen war das Frühstück. In wenigen Stunden erfolgt der Start. Wie willst du mit dieser Voraussetzung 540 km und die langen Berganstiege schaffen!« – »Ich werde auf jedem Fall um 0:00 Uhr starten und so weit fahren, wie es geht, und wenn ich nur 20 bis 30 km schaffen sollte.« Weil es die erste Verpflegungsstelle erst nach 200 km gab, bekam jeder Fahrer vor dem Start einen Vesperbeutel, von dem ich gleich ein belegtes Brötchen aß – und es wurde mir danach nicht übel. Die ersten 200 km verliefen reibungslos. Zum Frühstück ließ ich mir 50 Minuten Zeit. Danach folgte alle ca. 50 km eine Verpflegungsstelle, wo ich mir immer viel Zeit zum Essen und Trinken nahm. In Lillehammer ereignete sich mein zweites Handicap: In einer langgezogenen Linkskurve, bei einem Tempo von ca. 30 km/h, gab es plötzlich einen lauten Knall. Mein

Hinterradreifen war geplatzt. Ich stürzte und rutschte mindestens zehn Meter weit auf der Straße liegend unter eine Leitplanke. Einige Zuschauer zogen mich unter der Leitplanke heraus. Ein Mann lief sofort nach Hause und holte seine Werkzeugkiste. Mehrere Zuschauer mit guten technischen Fähigkeiten reparierten mein Rennrad. Einschließlich der ärztlichen Versorgung konnte ich nach einer Stunde Zwangspause wieder die Fahrt aufnehmen, wenn auch mit starken Schmerzen, denn am linken Becken fehlte nach dem Sturz Haut in der Größe von mehr als einer Handfläche. Ca. 100 km vor dem Ziel folgte mein drittes und letztes Handicap. Ich geriet in einen schweren Platzregen. Straßenunterführungen waren binnen weniger Minuten mindestens 50 cm hoch mit Wasser gefüllt. Alle Rennradfahrer suchten Unterstand, denn ein Fahren war kaum möglich (als Brillenträger hatte ich auch keine Sicht mehr). Trotz aller Handicaps und Verpflegungspausen erreichte ich die Zieldurchfahrt in Oslo um 22:46 Uhr.

Aber auch mein vorletzter Radmarathon verlief mit schweren Handicaps. Am 31.08.2003 konnte ich endlich den Ötztaler Radmarathon fahren, den Jan Ullrich als den härtesten und schwierigsten Radmarathon der Welt bezeichnet hatte. Er ist zwar »nur« 238 km lang, hat aber 5500 Höhenmeter mit Steigungen von bis zu 27 %. Horizontale Teilstrecken sind rar. Der letzte große Anstieg beginnt ca. 55 km vor dem Ziel in St. Leonhard im Pitztal (1366 m) und endet 16 km vor dem Ziel auf dem Timmelsjoch (2509 m). Doch nun zu den Handicaps. Am 14. August konnte ich zuletzt für den Ötztaler Radmarathon trainieren (Bergtraining, allein, 112 km, 1716 hm). Drei Tage später erkrankte ich an einer Virus-Grippe, mit hohem Fieber und täglicher Übelkeit mit Erbrechen. Ich wurde von der Hausärztin bis einschließlich 25.08.2003 krankgeschrieben. Da ich mich am 26.08. noch sehr schwach fühlte, ging ich davon aus, dass ich fünf Tage später den Ötztaler Radmarathon auf keinen Fall fahren könne. Aber ich wollte wissen, wie es um meine aktuelle Leistungsfähigkeit steht und so machte ich bereits am 26.08. eine Testfahrt, nachdem ich zuvor 12 Tage lang krankheitsbedingt keinerlei Sport ausüben konnte. Obwohl ich mich noch sehr grippegeschwächt fühlte, fuhr ich 77 km weit und bewältigte dabei 559 hm. Dabei fuhr ich für meine Verhältnisse sehr langsam. Natürlich wusste ich, dass man nach einer ausgestandenen Grippe mindestens zwei Wochen lang keinen Leistungssport ausüben darf. Beim Ötztaler Radmarathon waren 3500 Teilnehmer zugelassen. In den beiden Jahren zuvor hatte ich Absagen erhalten, weil mir andere mit ihrer Anmeldung zuvorgekommen waren. Jetzt wollte ich endlich an diesem weltberühmten Radmarathon teilnehmen, auch grippegeschwächt. Doch es tauchte ein zweites Handicap auf. Schon auf der Fahrt nach Sölden fuhr ich ab dem Arlberg-Pass im Dauerregen. In der Nähe des Startplatzes in Sölden konnte ich in meinem Zelt auf einem Campingplatz übernachten. Gegen 4:30 Uhr morgens, also zwei Stunden vor dem Startschuss, begann infolge einer Kaltfront ein schweres Gewitter mit Starkregen, Temperatursturz und kaltem, böigem Nordwind. Von den 3500 Teilnehmern traten unter diesen extremen Bedingungen nur noch 2295 zum Start an. Ich wartete im Zelt, bis der Regen weniger heftig war, dann fuhr ich etwas verspätet mit dem Rennrad über die Startlinie. Auf dem Anstieg zum Kühtai-Pass (2030 m) begann es zu schneien und viele Rennradfahrer gaben völlig durchnässt und durchfroren auf. Die Abfahrt nach Innsbruck war anfangs mit Schneematsch bedeckt, glatt und mit den profillosen Rennradreifen sehr gefährlich. Außerdem waren die Hände trotz (nasser) Handschuhe eiskalt und gefühllos, so dass ich – ebenso wie all die anderen Teilnehmer auch – mehrmals vom Rad absteigen musste, um die Hände etwas warmzureiben, weil das Bedienen der Bremsen mit den klammen und gefühllosen Händen kaum noch möglich war. Außerdem klapperten meine Zähne so laut und heftig wie noch nie in meinem bisherigen Leben. Aber ich wollte nicht aufgeben, obwohl ich von der Grippe noch geschwächt war und erreichte nach 12:48:04 Stunden das Ziel in Sölden, zwar völlig durchnässt und durchfroren, aber glücklich. Wenige Tage später wurde mir die Urkunde zugeschickt, zusammen mit einem Begleitbrief mit folgendem Text:

> *Sölden 6:30 Uhr – der Startschuss fällt – 2295 Teilnehmer treten bei strömendem Regen und fast eisigen Temperaturen die Herausforderung des Ötztaler Radmarathons an. Die extremen Witterungsverhältnisse am letzten Augusttag zwingen viele Radler in die Knie, sie brechen ab, nach wenigen Kilometern bereits völlig durchnässt und unterkühlt. Das machte den Ötztaler 2003 so schwer wie noch nie! Aber DU hast es geschafft und das Organisationskomitee gratuliert dir recht herzlich dazu. Herzliche Gratulation Heinz – du hast wirklich eine Spitzenleistung vollbracht! Du kannst stolz auf dich sein!*

Ich selbst habe mich aber gefragt, warum sind die äußeren Bedingungen so oft in meinem Leben gerade dann am schlimmsten und gefährlichsten, wenn ich meine schwierigsten Unternehmungen in Angriff nehme? Hier habe ich meinen längsten und meinen härtesten Radmarathon aufgeführt. Weiter oben habe ich meine schwierigsten Kletterwände beschrieben und weiter unten folgen noch die schwierigsten Laufwettbewerbe. Um das Thema Rennradfahren abzuschließen, möchte ich noch erwähnen, welche sonstigen Radmarathons ich gefahren bin:

Viermal Alb-Extrem (300 km/4800 hm), zweimal Tour de Barock (223 km), dreimal Schwarzwald Ultra Radmarathon (242 km/4000 hm), dreimal Dolomiten-Radmarathon (147 km/4304 hm), Oberschwaben-Radmarathon (242 km), und Nordschwarzwald Radmarathon (244 km/4050 hm).

8.3 Abbau von psychischem Stress durch Laufsport

Laufsport hat seit meinem Unfall von 1960 immer eine wichtige Rolle in meinem Leben gespielt. Allerdings konnte ich wegen meiner unfallbedingten Problemfüße kaum längere Strecken als 10 km laufen. Aber im Dezember 1996 und 1997 gelangen mir unter starken Schmerzen die ersten beiden Halbmarathons (»Nikolauslauf« in Tübingen). Meistens unternahm ich ein- bis zweimal wöchentlich einen Waldlauf bis zu 10 km. In meiner aktiven Rennrad-Zeit joggte ich nur noch bei Schlechtwetter und in der Winterzeit. 2004 stieg ich vom Rennradsport auf Laufsport um, weil das Lauftraining nur ein Drittel der Zeit erfordert, verglichen mit dem Rennradtraining. Beruflich war ich dermaßen ausgelastet, dass nur noch wenig Freizeit für sportliches Training vorhanden war. Ich wurde Mitglied des »Lauftreffs« in Sigmaringen. Durch erfahrene und sehr kompetente Lauftrainer konnte ich mich läuferisch stark verbessern. Jeweils im Mai 2005 und 2006 lief ich wieder Halbmarathons (3. und 4. Zoller-Hof-Halbmarathon). Nach dem Halbmarathon vom 13.05.2006 bereitete uns unser Lauftrainer Rudolf H. auf den 1. Aesculap-Donautal-Marathon vor, der am 18.06.2006 stattfand. Ich war überzeugt, dass meine Füße einen Marathon niemals durchstehen würden. Trotzdem nahm ich am Marathontraining teil. In der Nacht vor dem Marathonlauf gab es ein heftiges Gewitter, welches das Donautal in einen dampfenden Kessel verwandelte. Beim Start um 8:30 Uhr herrschte drückende Schwüle und schon kurz nach dem Start eine große Hitze von mehr als 30 °C im Schatten. Unter diesen Bedingungen einen Marathon zu laufen, war für alle Teilnehmer eine große Qual, zumal das Streckenprofil viele Höhenmeter aufwies. Mehrere Läufer erzählten mir nach dem Zieleinlauf, sie hätten über 30 Minuten länger gebraucht als beim Berlin-Marathon. Meine Zeit war 4:42:19 Stunden, damit erzielte ich den 259. Gesamtplatz und in der Altersklasse M55 den 13. Platz. Insgesamt gingen 485 Läufer an den Start, 393 von ihnen kamen ans Ziel. Meine durchschnittliche Herzfrequenz betrug 149/min, meine maximale Herzfrequenz war 181/min.

Im Alter von 58 Jahren war mir also (unter erschwerter Bedingung) mein erster Marathonlauf gelungen. Zwei weitere Aesculap-Donautal-Marathonläufe sollten 2007 und 2008 im Alter von 59 und 60 Jahren folgen. Hier die Resultate: Juni 2007: 4:28:19 Stunden, 211. Platz in der Gesamtwertung, 8. Platz in der AK M55. Juni 2008: 4:31:57 Stunden, 168. Platz in der Gesamtwertung, 5. Platz in der AK M60. Außerdem lief ich noch mehrere Halbmarathons.

8.4 Abbau von psychischem Stress durch Paragleiten

Nachdem ich mich während der ersten Monate nach der Beerdigung von Birgit und Silvia vom 05.02.1993 kaum zu etwas aufraffen konnte, mich sozial zurückgezogen hatte und lediglich noch allein zum Klettern gegangen war, suchte ich nach einer neuen Herausforderung, die wieder starke positive Gefühle in Gang setzen sollte. Ich sah im Gleitschirmfliegen eine Möglichkeit, mein psychisches Tief zu überwinden. Im August 1993 absolvierte ich den Grundkurs für Paragleiten in Seefeld/Tirol. Im Jahr darauf erwarb ich den unbeschränkten Luftfahrerschein (B-Schein). In einem dreitägigen Wettkampf belegte ich im September 1994 von ca. 90 Teilnehmern den 13. Platz.

Am 28.05.1995 beobachtete ich während eines ruhigen Gleitflugs einen anderen Piloten bei der Durchführung einer Steilspirale. Das hat mir dermaßen imponiert, dass ich dies auch ausprobieren wollte, obwohl ich hierfür noch nicht ausgebildet war. Ich drückte in 250 Metern über dem Landeplatz die linken Steuerleinen zu schnell und zu weit nach unten, mit dem Resultat, dass der linke Flügel komplett einklappte und der Schirm eine hohe Rotations-Geschwindigkeit entwickelte, wobei sich alle Steuerleinen miteinander verdrehten. Dabei entwickelte sich eine hohe Sinkgeschwindigkeit. Es ging nur noch um die Frage, was so nah über dem Boden zuerst geschieht: Das Öffnen des Gleitschirms oder der tödliche Aufschlag auf dem Boden. Ich hatte Glück. Wenige Meter über dem Landeplatz öffnete sich der Gleitschirm und mir verblieben noch ca. 20 Meter für den Landeanflug. Mehrere Piloten kamen auf mich zu und sagten: »Warum hast du nicht den Rettungsschirm geworfen? Wir haben alle nicht mehr damit gerechnet, dass sich dein Schirm noch öffnen würde. Außerdem hättest du aus dieser geringen Höhe niemals eine Steilspirale beginnen dürfen.« Stimmt! Ich weiß inzwischen, dass eine Steilspirale nur in großer Höhe eingeleitet werden darf und spätestens 300 Meter über dem Boden wieder beendet sein muss. Und ich hatte erst 250 Meter über dem Talgrund die Steilspirale begonnen! Eine lebensgefährliche Angelegenheit, insbesondere für jemanden, der noch nie eine Steilspirale geflogen ist!

Nach diesem Erlebnis stand für mich fest, dass ich so bald wie möglich einen Sicherheitskurs machen werde, welcher im Juli 1996 in der Schweiz am Monte Generoso/Tessin stattfand. Hier übte ich nicht nur die Steilspirale, sondern alles, was ich künftig für ein sicheres Fliegen benötigte, einschließlich eines Absturztrainings durch komplettes Einklappen des Gleitschirms und anschließendem Werfen des Rettungsschirms mit Sturz ins Wasser des Luganer Sees.

Ich bemerkte, dass ich beim Gleitschirmfliegen viel Stress abbauen konnte. Ich wurde wieder belastbarer für mein Berufsleben. Ich ließ mich 1999 noch im Streckenfliegen ausbilden und konnte in einem Wettkampf den 9. Rang erzielen. An Wochenenden fuhr ich oft allein in die Alpen, teils zum Klettern, teils zum Gleitschirmfliegen. Bis 2011 erlebte ich beim Gleitschirmfliegen keine kritische Situation mehr.

Aber am 25.05.2011 hatte ich einen Unfall am Weiherkopf, Bolsterlang, nahe Oberstdorf. Als ich nach der Seilbahnfahrt am Startplatz ankam, habe ich mich noch gewundert, dass ich der einzige Paragleiter war. Drei Startversuche musste ich wegen plötzlich auftretenden Sturmböen wieder abbrechen. Sollte der vierte Versuch erneut misslingen, würde ich einpacken und mit der Seilbahn wieder ins Tal fahren. Doch der vierte Startversuch gelang. Die nächste Sturmbö kam erst, als ich schon eine ausreichende Höhe gewonnen hatte. Als ich aber im Landeanflug war, geriet ich urplötzlich in eine heftige Sturmbö, die mich rückwärts blies, über einen Kinderspielplatz und Hausdächer hinweg. Ich wollte weder von den Pfählen des Spielplatzes aufgespießt werden noch auf einem Hausdach landen und lenkte meinen Schirm quer zur Windrichtung. Sofort nahm der Schirm Fahrt auf und flog mit mehr als 30 km/h und 4,1 m/s Sinkgeschwindigkeit gegen einen Grashang. Der Erstkontakt mit dem Grashang erfolgte zwar mit den Füßen, doch unmittelbar danach schleuderte es mich mit dem Kopf voran gegen den Hügel und ich blieb mehrere Minuten bewusstlos liegen. Irgendwann hörte ich die keuchende Stimme eines Mannes: »Hallo, sind Sie tot? Bitte sagen Sie etwas! Sind Sie tot oder leben Sie noch?« Ich begann mich vorsichtig zu bewegen und bemerkte plötzlich starke Schmerzen im rechten Fußgelenk. Zwei Gleitschirmpiloten, die zufällig meinen Unfall gesehen hatten, kamen auch den Hügel heraufgerannt, legten fachmännisch meinen Schirm zusammen und da ich mit dem rechten Fuß nicht mehr auftreten konnte, stützten sie mich beim Gehen. Sie fragten mich, ob ich denn nicht mitbekommen hätte, dass in der Gleitschirm-Wetterapp schon am frühen Morgen die Nachricht verbreitet worden wäre, dass in dieser Region Fliegen heute wegen eines nicht vorhersehbaren gefährlichen Wetterumschlags nicht möglich sei.« – Für diese Wetter-Information aber hätte ich ein Handy benötigt, doch zu dieser Zeit besaß ich noch kein Handy. Aufgrund dieses Unfalls kaufte ich nun aber auf Druck meiner Freunde ein Handy. Auf der anschließenden Fahrt nach Sigmaringen konnte ich das Gas-, Brems- und Kupplungspedal jeweils nur mit meinem linken Fuß bedienen. Deshalb fuhr ich langsam und hielt große Abstände zu vorausfahrenden Fahrzeugen. Wegen starker Schmerzen im mittlerweile stark angeschwollenen rechten Fußgelenk musste ich auch noch viele Pausen einlegen. Nach fast vierstündiger Autofahrt kam ich gegen 18:00 Uhr zu Hause an. Nach dem Duschen und Umkleiden fuhr ich ins Krankenhaus und ging mit meinen Krücken zur Notambulanz, wo eine Innenknöchelfraktur rechts diagnostiziert wurde. Ich bekam einen Gehgips. Die erforderliche Operation konnte aber wegen der zu starken Anschwellung erst eine Woche später durchgeführt werden (stationär vom 31.05. bis 04.06.2011). Übrigens, die Ärzte konnten kaum fassen, dass ich mit gebrochenem Fußgelenk und einbeinig eine so lange Autofahrt unternommen hatte und sagten: »So etwas haben wir noch nie erlebt. Sie hätten am Ort des Unfalls einen Rettungswagen bestellen und sich ins nächstgelegene Krankenhaus bringen lassen müssen.«

Nach der Operation musste ich lange Zeit auf jeglichen Sport verzichten, was mir sehr schwerfiel. Am 1. August konnte ich erstmals mit dem Rennrad fahren, am 31. August konnte ich erstmals zum Klettern gehen, am 25. November konnte ich erstmals wieder joggen – wenn auch nur sehr langsam und nur 5 ½ km – und am 28.08.2012 war ich erstmals wieder beim Gleitschirmfliegen in den Alpen. Danach ging ich wieder häufiger zum Fliegen und bis Juni 2014 verlief auch alles reibungslos.

Am 26.06.2014 wurde ich beim Fliegen bei Andelsbuch/Vorarlberg plötzlich von einer dunklen Wolke angesaugt. Als dies die anderen Gleitschirmpiloten sahen, die hinter mir flogen, drehten sie alle um und flogen auf kürzestem Weg zum Landeplatz. Trotz »angelegter Ohren« (Abstiegshilfe) stieg ich mit bis zu 6,2 m/s nach oben. Dabei war ich dermaßen starken und ruppigen Turbulenzen ausgesetzt, dass der ganze Schirm mehrmals einklappte (Fullstall). Damit gab es ein ständiges Auf und Ab mit extremen Rotierungen, was bei mir zu starker Übelkeit und Erbrechen führte. Es zog mich bis zur Wolkenbasis und ich war genötigt, trotz Übelkeit mehrmals die Steilspirale durchzuführen, bis es mir schwarz vor Augen wurde. Nach jeder Beendigung einer Steilspirale stieg ich sofort wieder mit sehr hoher Geschwindigkeit der Wolkenbasis entgegen. Ich wusste, dass ich auf gar keinen Fall in diese Wolke hineingeraten dürfe. In letzter Zeit gab es dadurch viele Tote, auch in dieser Region. Also entwickelte ich eine Taktik: Per Steilspirale so lange Höhe abbauen, bis es mir schwarz vor Augen wird, danach sofort per B-Stall in Richtung Landeplatz steuern, um mich vom Einflussbereich der Wolke zu entfernen. Während des B-Stalls stieg ich zwar wieder nach oben, aber verlangsamt und ich konnte mich mit jedem B-Stall aus dem stark saugenden Bereich der Wolke entfernen. Dieser Kampf auf Leben oder Tod dauerte 17 Minuten, dann konnte ich völlig erschöpft endlich den Landeplatz anfliegen. Zahlreiche Piloten hatten vom Landeplatz aus meinem Kampf gegen die Wolke zugesehen und mir die Daumen gedrückt, damit ich es schaffen möge. Sie packten nun meinen Schirm ein, weil ich dazu infolge von Übelkeit mit Erbrechen gar nicht mehr in der Lage gewesen wäre. Ich möchte an dieser Stelle auch noch erwähnen, dass ich in meinem ganzen Leben noch nie ein guter Karussellfahrer war. Auch wenn ich auf einem Volksfest mit Silvia mit dem Karussell fuhr, wurde mir übel, während Silvia die Karussellfahrt richtig genoss.

An dieser Stelle möchte ich das Thema Gleitschirmfliegen, das mir bis auf die drei erwähnten kritischen Situationen stets viel Freude gemacht hat, abschließen. Das Fliegen über Berge und Täler, manchmal gemeinsam mit einem Adler in der Thermik, hat die Stressbelastung durch meine Situation am Arbeitsplatz im Rahmen meiner posttraumatischen Belastungsstörung erträglicher gemacht. Zu den drei kritischen, lebensgefährlichen Situationen möchte ich abschließend anmerken: Die erste kritische Situation war ausschließlich selbstverschuldet. Niemals hätte ich ohne vorhergehende Ausbildung eine Steilspirale ausprobieren dürfen. Zwei »tödliche« Fehler unterliefen mir dabei: In einer Höhe von 250 m über dem Boden darf keine Steilspirale mehr eingeleitet werden – sie muss vielmehr 300 Meter über dem Boden spätestens beendet sein! Das zu schnelle und zu tiefe Drücken der Steuerleinen führt zwangsweise zum Einklappen des gesamten Schirms mit meist tödlichen Folgen, insbesondere wenn das Manöver nicht in sicherer Höhe durchgeführt wird.

Die zweite kritische Situation wäre nicht entstanden, wenn ich ein Handy gehabt hätte. Ich hatte mich auf den Flugwetterbericht vom Abend zuvor verlassen. Mit Handy hätte ich sicherlich morgens beim Frühstück nochmals den Flugwetterbericht gelesen und ich wäre definitiv nicht geflogen.

Bei der dritten kritischen Situation trifft mich keine Schuld. Mit mehreren anderen Gleitschirmpiloten kreiste ich bereits seit 23 Minuten fast ohne Höhengewinn über dem Startplatz. Mein Pech war, dass ich zufällig der erste war, der in den von niemandem erkennbaren Sog der Wolke geriet. Die hinter mir Fliegenden konnten aus meinem Missgeschick sofort die Konsequenzen ziehen und sofort abdrehen und zum Landeplatz fliegen. Später auf dem Landeplatz gestanden mir die anderen Piloten auch ein, das hätte jedem von ihnen auch passieren können, ich sei es heute eben gewesen, der zur falschen Zeit am falschen Ort war …

8.5 Abbau von psychischem Stress durch Skitouren-Gehen

Als vorletzte Sportart möchte ich noch das winterliche Skitouren-Gehen nennen, eine Sportart, die mir aufgrund meiner Behinderung infolge des Unfalls von 1960 sehr schwerfiel und immer mit starken Schmerzen verbunden war. Nur meinen Freunden zuliebe, die mich auch ausgebildet hatten, ging ich mehrmals auf gemeinsame Skitour. Am 05.01.2002 ereignete sich auf einem Gletscher ein Sturz mit den Folgen einer Weber-C-Fraktur des linken Fußgelenks. Ich musste mit einem Hubschrauber geborgen und ins Krankenhaus Ilanz (Schweiz) geflogen werden, wo die Erstbehandlung stattfand. Noch am selben Tag wurde ich ins KKH Sigmaringen verlegt – meine Skitouren-Freunde hatten mich nach Sigmaringen gebracht. Stationäre Behandlung vom 06.01. bis 16.01.2002 und zur Metallentfernung vom 28.10. bis 30.10.2002.

8.6 Abbau von psychischem Stress im Fitness-Center

Obwohl ich sportliche Aktivitäten in der freien Natur immer vorgezogen hatte, wurde ich Mitglied eines Sigmaringer Fitness-Centers. Hier habe ich meist im Winter oder bei schlechtem Wetter trainiert, wenn die Ausübung meiner Outdoor-Sportarten nicht oder nur sehr erschwert möglich gewesen wären. Auch nach Verletzungen oder sonstigen vorübergehenden gesundheitlichen Beeinträchtigungen war mir das Training im Fitness-Center sehr hilfreich.

Kapitel 9: Die Zeit nach dem Trauma – berufliche Situation und Verlauf der Symptomatik meiner posttraumatischen Belastungsstörung

Mit den bisher beschrieben sportlichen Aktivitäten habe ich im Rahmen meiner posttraumatischen Belastungsstörung (PTBS) viel Halt gefunden. Im nun folgenden Kapitel möchte ich meine Situation am Arbeitsplatz schildern, die ganz entscheidend den negativen Verlauf meiner Symptomatik mitverursacht hatte.

Unter meinem Chefarzt Dr. Erbe gelang mir ca. eine Woche nach der Beerdigung von Birgit und Silvia ein guter Wiedereinstieg ins Berufsleben. Zwar war meine Leistungsfähigkeit noch sehr eingeschränkt, weshalb ich für alle anfallenden Arbeiten viel Zeit benötigte – aber mir genügend Zeit zu nehmen war genau das, was mir Dr. Erbe auch empfahl. Unter diesem Arbeitsklima spürte ich keinerlei Stressabläufe in mir. Im Gegenteil: Ich bemerkte wieder aufkommende Freude bei der Arbeit mit Patienten. Erst wenn ich abends zu Hause angekommen war, tauchten die inneren Bilder meines Traumas auf und dann flossen natürlich die Tränen. Ich hatte den inneren Schmerz mit Tränenfluss stets akzeptiert und das meist nur drei bis fünf Minuten andauernde Weinen nicht als Symptom einer Krankheit interpretiert, sondern als eine ganz natürliche und gesunde Reaktion des Menschen auf traurige Ereignisse. Meine Tränen hatten auch nichts mit meiner Berufstätigkeit zu tun! Mein Pech war, dass Dr. Erbe am 31.03.1993 seine wohlverdiente Pension antrat und sein Nachfolger (Dr. M.) sich nun leider als das krasse Gegenteil seines Vorgängers entpuppte.

Die folgende Schilderung des falschen Verhaltens eines Vorgesetzten löste bei mir einen schweren inneren Konflikt aus: Einerseits wollte ich nichts Negatives über irgendeinen Menschen schreiben (auch nicht über Dr. M.), andererseits wollte ich als Verhaltens-Wissenschaftler eine wissenschaftliche Erklärung liefern, warum sich meine posttraumatische Belastungsstörung zunehmend verschlechtert hatte. Und eindeutige Ursache dieser Verschlechterung war das Verhalten meines Vorgesetzten. Dieses sein Verhalten muss ich selbstverständlich schildern, wenn ich andere Menschen vor schweren gesundheitlichen Schäden (bis hin zur Suizidalität) bewahren möchte. Ein Nebeneffekt der unten beschriebenen falschen Verhaltensmuster eines Vorgesetzten sind auch noch hohe Kosten für die Kranken- und Rentenversicherungen. Dass ich mich durchgerungen habe, das Verhalten von Dr. M. zu beschreiben, liegt somit auf der Hand. Ich habe mich dabei fast ausschließlich auf das wesentliche beschränkt, das in Dokumenten zu lesen ist (Briefwechsel mit dem Betriebsrat, mit der Verwaltung und mit dem Rechtsanwalt). Dabei war mir sehr wichtig, dass nur die Fakten zum Verstehen der Zusammenhänge zwischen dem Verhalten eines Vorgesetzten und der Entwicklung diverser Symptome dokumentiert wurden. Auf eine anklagende Form wurde deshalb vollständig verzichtet.

Doch nun zu meiner Situation unter Dr. M.: Schon in

der ersten Woche nach Dr. Erbes Abschied bat er mich in sein Büro und sagte: »Herr Neusser, ich habe von Ihrem Schicksal erfahren. Jetzt bleiben Ihnen nur noch zwei Möglichkeiten: Entweder Sie suchen sich ganz schnell eine neue Partnerin oder, was besser wäre, Sie stürzen sich in die Arbeit und arbeiten möglichst 80 Stunden pro Woche. Ich werde Ihnen dabei behilflich sein, indem ich dafür sorgen werde, Ihnen möglichst viele Patienten zuzuweisen.«

Und tatsächlich, die Zahl der stationären und ambulanten Patienten, die ich psychodiagnostisch und psychotherapeutisch zu behandeln hatte, stieg von Tag zu Tag. Durch die Zuweisung von viel zu vielen »Psychotherapie-Patienten«, oft mit suizidaler Gefährdung oder mit gestörter Familiendynamik, also Patienten, die einen sehr hohen therapeutischen Zeitaufwand benötigen, verschlechterte sich auch mein gesundheitlicher Zustand dermaßen, dass ich auch keinen Sinn mehr in meinem Leben sah – bei gleichzeitig bestehender posttraumatischer Belastungsstörung. Es entwickelte sich ein starkes inneres Verlangen, Alpenwände im Alleingang zu durchsteigen, was zusammen mit den weiteren sportlichen Aktivitäten viel Stress in mir abbaute (siehe Kapitel 8). Trotz zahlreicher Symptome, die sich unter der extremen Belastung am Arbeitsplatz bei durchschnittlich mehr als 20 (maximal bis zu 40!) unbezahlten Überstunden pro Woche entwickelten, hatte ich während der ersten drei Jahre nach dem Unfall insgesamt nur an zwei Tagen krankheitsbedingt am Arbeitsplatz gefehlt. Das hing auch damit zusammen, dass ich mir einsuggeriert hatte: »Ich habe stets alle körperlichen Qualen ausgehalten, also werde ich auch alle seelischen Qualen aushalten.« Worüber ich aber keine Kontrolle hatte, war der zunehmende Zusammenbruch meiner kognitiven Funktionen, weshalb ich mich auf Anraten meiner Hausärztin vom 21.10. bis 02.12.1997 einer Reha-Maßnahme unterzog (Klinik Alpenblick in Isny-Neutrauchburg). Ich befand mich nämlich in einem Teufelskreis: Infolge der hohen Zahl der Überstunden (dreimal wöchentlich habe ich immer von morgens 8:00 Uhr bis abends 22:30 Uhr durchgearbeitet, unterbrochen durch 30 Minuten Mittagspause) wurde ich immer müder und je müder ich wurde, desto länger wurde die Zeit, die ich spät abends zum Diktieren bzw. zum Schreiben der Entlass-Briefe/Arztbriefe, Gutachten, testpsychologischen Befunde etc. benötigte. Somit blieben bei meist sechs Patientenentlassungen pro Woche Arztbriefe unerledigt auf dem Schreibtisch liegen. Dr. M. hatte mir deshalb mit einer Kündigung gedroht. Schließlich hatten sich unter der Überlastung zahlreiche Symptome entwickelt und waren inzwischen chronisch geworden, u. a.: Chronisches Fatigue-Syndrom (Müdigkeit), Dauer-Tinnitus mit Abnahme des Hörvermögens, Flimmerskotome (fast täglich, oft 1 Stunde anhaltend, so dass ich in dieser Zeit weder lesen noch schreiben konnte).

Am 03.12.1997, meinem ersten Arbeitstag nach der Reha-Maßnahme, suchte ich gleich am Morgen Dr. M. auf, um mich zurückzumelden und ihn über die »ärztlichen Empfehlungen« der Reha-Klinik zu informieren. Ich sollte während der ersten Wochen nach der Reha auf keinem Fall Überstunden machen. Von den geleisteten 252 Überstunden (ausschließlich verursacht durch direkten Patientenkontakt, die »bürokratischen Überstunden« nicht mitgerechnet), die allein von Januar bis Oktober 1997 angefallen waren, sollte ich 40 Stunden im Rahmen des mir rechtlich zustehenden Freizeitausgleichs für Diktate liegengelassener Arztbriefe verwenden, und deshalb in der ersten Woche nach der Reha noch keine Patienten betreuen. Andernfalls würde ich keinerlei Chance haben, aus dem Teufelskreis meiner Erkrankung herauszukommen, was fatale Folgen hätte. Außerdem informierte ich Dr. M. über die Bitte des Reha-Therapeuten, dass er ihn anrufen möge, weil er ihm am Telefon ausführlicher das weitere Procedere erläutern wolle.

Die Reaktionen von Dr. M. (knapp zusammengefasst):

- Auf keinen Fall werde er mit der Reha-Klinik telefonieren!
- Für die Zeit zum Diktieren der liegengelassenen Arztbriefe müsse ich meinen gesetzlichen Urlaub verwenden, auch Urlaubstage des nächsten Jahres im Vorgriff und meine ohnehin freien Wochenenden.
- Meine bereits geleisteten Überstunden dürfe ich auf keinen Fall zum Diktieren abbauen. Er erwarte von seinen Mitarbeitern (gemeint war natürlich ausschließlich nur ich), dass sie zumindest acht Wochen jährlich über den Tarif hinaus zu unentgeltlichen Überstunden bereit seien und auch auf Freizeitausgleich verzichten würden – andernfalls wären sie bei ihm fehl am Platze.
- Wegen der vor Reha-Antritt liegengebliebenen Arztbriefe erhalte ich von ihm jetzt eine schriftliche Abmahnung und sollten künftig Arztbriefe länger als zwei Wochen nicht diktiert sein, hätte dies eine Kündigung zur Folge.
- Dr. M. machte mir darüber hinaus noch klar, dass ich künftig für gewisse Arbeiten auch noch an den Wochenenden für die Klinik bereitstehen müsse. Insbesondere müsse ich ein Konzept für den Aufbau einer Tagesklinik ausarbeiten.

Auf mich sollten noch mehr unbezahlte Überstunden ohne Freizeitausgleich zukommen als bisher. Und tatsächlich, bereits mein erster Arbeitstag begann mit einer Arbeitszeit von 8:00 Uhr bis 20:00 Uhr, unterbrochen durch eine 30-minütige Mittagspause. In den Tagen darauf entwickelten sich starke Magenschmerzen und Übelkeit, obwohl ich fast nie gesundheitliche Probleme mit dem Magen hatte, allenfalls im Rahmen einer Grippe oder nach Genuss von verdorbenen Lebensmitteln. Wenn ich abends zu Hause war, verzichtete ich wegen der Magenbeschwerden auf das Abendessen. Das Frühstück hatte ohnehin seit 1993 kein einziges Mal mehr stattgefunden. Wegen der starken Müdigkeit hatte ich morgens lieber eine halbe Stunde länger geschlafen und deshalb auf das Frühstück verzichtet. In der Klinik hatte ich als Mittel gegen die Müdigkeit täglich bis zu zwei Liter Kaffee getrunken (vom Pflegepersonal zubereitet). Der Druck, den Dr. M. auf mich ausübte, führte jetzt auch noch zu Schlafstörungen – trotz meiner chronischen Müdigkeit. In diesem Zustand war ich nicht mehr in der Lage, Arztbriefe zu diktieren, weshalb ich den Betriebsrat aufsuchte. Der Betriebsrat wollte u. a. wissen, wie die hohe Überstundenzahl zusammengekommen wäre. Ich nannte ihm Beispiele:

Kurz nach Dienstende kam der Oberarzt zu mir und sagte: »Herr Neusser, ich muss einen Patienten von der Geschlossenen Station zu Ihnen verlegen.« – Ich sagte: »Das geht nicht, es gibt keine freien Betten. In jedem Krankenzimmer sind bereits eingeschobene Betten (in Zwei-Bett-Zimmern ein drittes Bett, in 4-Bett-Zimmern ein fünftes Bett) und ich muss die Station allein versorgen, weil wir unterbesetzt sind und der ärztliche Kollege krank ist.« – Der Oberarzt darauf: »Es geht um einen Patienten, der wegen

Konflikten in der Familie einen Suizidversuch unternommen hat – und Sie sind der Einzige hier, der eine familientherapeutische Ausbildung hat. Ich kann diesen Fall keinem anderen Kollegen anvertrauen.« – Natürlich übernahm ich diesen Patienten. Zwei Wochen später war das Problem im Rahmen einer zeitaufwendigen Familientherapie gelöst und der Patient konnte geheilt entlassen werden. Insgesamt hatte ich für diesen Patienten 6 Stunden investiert, also 180 Minuten pro Woche, obwohl ich noch weit über 20 weitere Patienten versorgen musste, zusätzlich zu den Gruppentherapien, Entspannungstraining und psychodiagnostischen Untersuchungen für die gesamte Abteilung. Für das Diktieren von Arztbriefen gab es keine Zeit mehr, also drohte mir die Kündigung. Dr. M. meinte dazu, das sei allein mein Problem, ich dürfe pro Patient nur 20 Minuten Zeit pro Woche verwenden. Hätte ich dies getan, hätten sich – meiner Einschätzung nach – viele Patienten suizidiert. Meinen suizidgefährdeten Patienten hatte ich stets gesagt, dass sie bei mir immer anklopfen dürfen und auch sollen oder das Pflegepersonal informieren sollen, dass ich vor Feierabend noch kurz bei ihnen vorbeischauen möge. Davon hatten sie auch Gott sei Dank Gebrauch gemacht, meist mehrmals wöchentlich. Resultat war, dass sich während meiner fast 30-jährigen Berufstätigkeit von meinen Patienten während der Behandlung kein einziger suizidiert hat. Eine meiner Patientinnen hatte sich während ihrer stationären Behandlung unter einen fahrenden Zug geworfen, als ich mich gerade im Urlaub befand und sie hatte dabei beide Beine ab Oberschenkel verloren. Grund war, dass sich mein Urlaubsvertreter auf Empfehlung des Chefarztes nur 20 Minuten pro Woche Zeit für sie genommen hatte, obwohl sie dringlich um ein weiteres Gespräch gebeten hatte.

Der verantwortliche Arzt hatte während meiner Urlaubszeit mehr als 20 Patienten zu versorgen. Das sei für ihn aber nur möglich gewesen, weil er für jeden Patienten nur 20 Minuten pro Woche investiert habe. Dieser Arzt arbeitete mit mir auf einer Psychotherapie-Station, also einer Station für Patienten mit vorwiegend neurotischen und/oder reaktiven Anteilen, für deren Behandlung ein relativ hoher Zeitaufwand nötig ist. Das »20-Minuten-Argument« gilt nur für Patienten mit vorwiegend endogenen Anteilen, z. B. für die meisten Psychosen, Hirnorganiker, endogen Depressiven, etc., die vordergründig medikamentös behandelt werden.

Anmerkungen zur Suizidalität

Im Jahr 2022 haben sich in Deutschland 10.119 Menschen suizidiert und weitere mehr als 100.000 Menschen unternahmen einen Suizidversuch (Quelle: Schwäbische Zeitung vom 02.05.2024). Anfang Dezember 2023 suizidierte sich eine Oberärztin einer Klinik in Friedrichshafen, weil sie nach eigenen Angaben von ihrem Chefarzt gemobbt worden sei (die Staatsanwaltschaft ermittelt aktuell gegen diesen Chefarzt).

Aufgrund meiner Erfahrung mit suizidalen Patienten möchte ich folgende Informationen an dieser Stelle knapp aufführen:

- Fast jeder Mensch kann im Laufe seines Lebens in eine psychisch extrem belastende Situation geraten, die er kaum noch ertragen kann, mit der Folge, im Tod die einzige »Lösung« zu sehen. Viele unterschiedliche Ursachen sind möglich,

z. B. eine schwere Erkrankung, Depression, schwere Konflikte in der Familie, partnerschaftliche Konflikte mit Trennungsthematik, Mobbing in der Schule oder am Arbeitsplatz, chronischer Dauerstress, Einsamkeitsproblematik und vieles mehr.

- Ich habe in meiner fast 30-jährigen Berufstätigkeit bei mehreren hundert suizidgefährdeten Patienten in allen Fällen die Erfahrung gemacht, dass eine suizidale Symptomatik nach kurzer Zeit wieder verschwinden kann, insbesondere wenn der Patient sich rechtzeitig einem Psychotherapeuten anvertraut.
- Voraussetzungen für eine erfolgreiche Therapie sind: Der Therapeut muss zuerst einen guten therapeutischen Zugang zum Patienten erarbeiten. Ohne guten Zugang ist eine erfolgreiche Therapie nicht möglich. Ferner muss der Therapeut dem Patienten ausreichend viel Zeit schenken. Ich habe meinen suizidgefährdeten Patienten immer explizit gesagt, dass sie auch mehrmals wöchentlich an meiner Tür anklopfen dürfen und sollen, sobald die suizidalen Gedanken auftauchen. Sie haben das dann auch getan, mit dem Resultat, dass sich kein einziger suizidiert hat.

Übrigens wurde nach Intervention des Betriebsrats die Abmahnung von Dr. M. wegen Rechtswidrigkeit wieder rückgängig gemacht. Ich war krankheitsbedingt eine gewisse Zeit arbeitsunfähig. Als Dr. M. von der Rücknahme seiner Abmahnung erfahren hatte, wurde ein Arzt zufällig Zeuge (vor der leicht geöffneten Tür des Chefarztes stehend), wie dieser gebrüllt habe: »Dem werden wir das Leben hier zur Hölle machen.« Aber auch nach meiner Arbeitsunfähigkeit gab es keine Änderung für mich. Die meisten Stresssituationen konnte ich an mir abprallen lassen oder ich habe sie durch sportliche Aktivitäten abreagiert, insbesondere wenn ich im Alleingang Alpenwände durchstiegen habe. Wenn Rechtsverstöße vorlagen, habe ich gelegentlich den Betriebsrat eingeschaltet. Dennoch ging es mir gesundheitlich zunehmend schlechter.

Im April und Mai 2002 verließen uns drei Ärzte unserer vier psychiatrischen Stationen, nachdem sie zuvor gekündigt hatten. Trotz Stellenausschreibungen konnten diese Stellen bis Ende des Jahres nicht besetzt werden. Erschwerend kam hinzu, dass meine psychologische Kollegin wegen Problemen in der Schwangerschaft mehrmals ausfiel und schließlich ab August in den Mutterschutz ging. Folge: Auf den beiden offenen Psychiatrie-Stationen (Q und R) arbeiteten mehrere Monate lang nur noch eine Ärztin und ein Psychologe – nämlich ich. Da die Ärztin aufgrund ihrer engmaschigen 24-Stunden-Dienste mit anschließendem dienstfreien Tag keine Zeit mehr für therapeutische Einzelgespräche hatte, übernahm ich alle zeitaufwendigen Patienten von ihr zusätzlich, was notwendigerweise viele Überstunden erforderlich machte. Arztbriefe diktieren war somit nur noch nachts möglich, trotzdem blieben mehr als 120 Arztbriefe unerledigt liegen. Ergänzend möchte ich noch erwähnen, dass jeder Patient selbstverständlich bei seiner Entlassung immer einen handschriftlichen Kurzbrief für seinen Hausarzt erhielt.

Anfang März 2003 erfuhr ich zufällig von einem Arzt, der für die mehrere Monate zuvor eingeführte neue Überstundenregelung zuständig war, dass allen Kollegen und

Kolleginnen schon seit Monaten ihre Überstunden ausbezahlt worden seien, nur mir und einer ärztlichen Kollegin (die auch von Dr. M. schlecht behandelt wurde) sei noch kein Geld überwiesen worden. Er bat mich, gemeinsam mit dieser Ärztin diese Angelegenheit zu klären. Wir begaben uns ins Personalbüro, wo uns die Leiterin der Lohnbuchhaltung sagte, wir seien nicht vergessen worden, aber Dr. M. habe ausdrücklich die Überweisungen für uns beide nicht freigegeben, obwohl er alle Überstunden rechtsgültig unterschrieben hatte. Wir mögen uns bitte mit unserem Chefarzt in Verbindung setzen. Ca. 10 Minuten später traf ich ihn in seinem Zimmer an und berichtete ihm vom Gespräch mit der Lohnbuchhaltung bezüglich der von ihm nicht freigegebenen Überstunden-Überweisungen. Seine Antwort: »Davon weiß ich nichts, damit habe ich nichts zu tun, das liegt ausschließlich an der Personalstelle.« Ich entgegnete: »Gut, wenn Sie damit nichts zu tun haben, dann wenden wir uns an den Leiter der Personalstelle.«

Drei Tage später fand das Gespräch mit dem Leiter der Personalstelle statt, in welchem uns versichert wurde, dass Dr. M. seit Monaten das Personalbüro explizit angewiesen habe, uns beiden das Geld für die geleisteten Überstunden trotz seiner erfolgten Unterschriften nicht zu überweisen. Hätte er mich wenigstens informiert, dass für mich keine Überstunden bezahlt werden, dann hätte ich wahrscheinlich keine Überstunden mehr gemacht (weil ich mittlerweile an einem schweren Burnout-Syndrom litt). Dann hätte allerdings eine komplette Station geschlossen werden müssen. Mindestens 20 Patienten hätten in umliegende Kliniken verlegt oder entlassen werden müssen, gepaart mit hohen finanziellen Verlusten für das Krankenhaus (bei einem damaligen Tagessatz von ca. 250 Euro pro Patient). Dr. M. war dagegen, dass ich Überstunden abfeiern dürfe und er war auch dagegen, dass meine Überstunden ausbezahlt würden, weil meine Überstunden die Folge meines Arbeitsstils seien, indem ich mir zu viel Zeit für meine Patienten nehmen würde und nicht wie von ihm (Dr. M.) gefordert maximal 20 Minuten pro Patient und Woche. Außerdem sagte er: »Ich bin vollkommen dagegen, dass Sie Überstunden abfeiern, denn wer soll denn dann Ihre Arbeit machen? Dann müssten ja die anderen Ihretwegen noch mehr arbeiten! ... Mit den Ergebnissen Ihrer Arbeit bin ich aber zufrieden.« Ich erklärte ihm nochmals, dass ich in der Behandlung meiner Patienten in erster Linie meinem therapeutischen Gewissen verantwortlich bin und z. B. einem suizidalen Patienten die Zeit schenke, die erforderlich ist, damit er sich nicht suizidiert, deshalb werde ich mich auch nicht der von einem Chefarzt angeordneten 20-Minuten-Regel unterwerfen. Der Betriebsrat empfahl mir schließlich, dass ich jetzt einen Rechtsanwalt einschalten solle, was ich auch tat. Da bei aktueller Personalsituation ein Abfeiern der Überstunden nicht möglich war, hat der Rechtsanwalt bewirkt, dass mir wenigstens die vom Chefarzt unterschriebenen Überstunden des laufenden Jahres bis einschließlich August ausbezahlt wurden. Inzwischen hatte sich mein Gesundheitszustand dermaßen verschlechtert, dass mir vom 01.07.2004 bis 31.12.2005 eine Zeitrente wegen voller Erwerbsminderung zugebilligt wurde.

Vier Tage vor Eingang des Rentenbescheids erlitt ich am Samstag, 27.03.2004 eine Amaurosis fugax rechtes Auge, 7 bis 8 Minuten anhaltend (Amaurosis fugax ist eine reversible, nur wenige Minuten andauernde Erblindung). Organische Ursachen konnten nicht gefunden werden. Somit handelte es sich um eine psychische Ursache, bedingt durch die hohe Dauerstress-Belastung. Anfang Juli 2004, als ich bereits eine Woche lang berentet war, erlitt ich zu Hause erneut eine Amaurosis fugax, diesmal aber mit totaler Erblindung beider Augen, ca. 5 bis 6 Minuten anhaltend. Da bereits Ende März alles organisch abgeklärt war, habe ich keinen Arzt mehr konsultiert.

Während der ersten sechs Monate der Berentungszeit habe ich extrem viel geschlafen, infolge eines schweren Fatigue-Syndroms. Da ich keinen Wecker mehr benützte, wachte ich erst immer zwischen 11:00 Uhr und 14:00 Uhr aus dem Tiefschlaf auf.

Auf die Wiederaufnahme meiner Berufstätigkeit am 02.01.2006 hatte ich mich gefreut, weil ich immer gern meine psychotherapeutische Arbeit verrichtet habe und weil wir zeitgleich einen neuen Chefarzt bekamen. Dr. M. ging in Rente. Übrigens empfand ich trotz großer Enttäuschung nie Hass- oder Wutgefühle gegenüber Dr. M., weder damals noch heute. Ich hätte mir nur ein besseres Verhältnis zu ihm gewünscht.

Zum neuen Chefarzt Dr. C. entwickelte sich ein gutes Verhältnis, so dass ich nicht mehr der belastenden alten Situation ausgesetzt war. Dennoch setzten sich im Laufe der Zeit meine chronisch gewordenen Symptome wieder durch. Flimmerskotome traten wieder 2- bis 4-mal wöchentlich auf, meist ca. 30 Minuten anhaltend. Lesen oder schreiben war in diesen Zeiten nicht möglich. Und ich wurde infolge meines chronischen Fatigue-Syndroms immer müder. Ich wollte auf keinen Fall mit Arztbriefen in Verzug kommen, um das gute Verhältnis zum neuen Chefarzt nicht zu gefährden. Da ich infolge der starken

Müdigkeit nicht mehr diktieren konnte, habe ich alle Arztbriefe selbst am Computer geschrieben (mit meinem langsamen Zweifinger-System). Überstunden habe ich nicht mehr angegeben. Ich geriet wieder in einen Teufelskreis: Je müder ich wurde, desto mehr Zeit benötigte ich für schriftliche Arbeiten und je länger die Schreibarbeiten dauerten, desto müder wurde ich. Andererseits musste ich nicht mehr viele Patienten behandeln, weil mit dem neuen Chefarzt zwei weitere Psychologen eingestellt wurden. Einer der zwei Psychologen kündigte drei Monate später mit der Begründung, die Arbeit sei für drei Psychologen auf dieser Abteilung ohne Überstunden nicht möglich und er wolle möglichst keine Überstunden machen. Das Rennradfahren gab ich auf, weil es dreimal mehr Zeit in Anspruch nahm als das Lauftraining. Ich wurde deshalb Mitglied einer Laufgruppe.

Am 22.08.2007, gegen 12:00 Uhr, erlitt ich während einer Chefarztkonferenz erneut eine Amaurosis fugax. Das rechte Auge war ca. 5 Minuten lang erblindet. Ich wurde sofort auf der Stroke-Unit der Neurologischen Abteilung aufgenommen (Intensiv-Station für frische Schlaganfall-Patienten) mit Verdacht auf Schlaganfall. Es folgten zahlreiche Untersuchungen, durch welche eine organische Ursache ausgeschlossen werden konnte. Am Abend des 24.08.2007 konnte ich wieder nach Hause entlassen werden. Während der 2 ½ Tage dauernden stationären Behandlung musste ich zu jeder Mahlzeit und zu jeder Untersuchung aus dem Tiefschlaf geweckt werden. Ich war einfach übermüdet, zumal ich am Tag vor der stationären Aufnahme noch 12 Stunden durchgearbeitet hatte und am Morgen danach völlig übermüdet zur Arbeit angetreten war.

Inzwischen war mir und den Ärzten klar, dass ich meinen Beruf krankheitsbedingt nicht mehr ausüben könne. Mir wurde geraten, einen Rentenantrag zu stellen. Dieser wurde bewilligt. Seit 01.05.2008 bin ich nun berentet.

Abschließend zu meinem beruflichen Verlauf nach dem Trauma von 1993 möchte ich noch von zwei Patienten berichten, bei denen ich erstmals therapeutische Verfahren angewandt hatte, die auch mit meiner posttraumatischen Belastungsstörung assoziiert sind.

Fallbeispiel 1 – EMDR-Behandlung

1999 behandelte ich einen 40-jährigen Patienten wegen einer Depression. Er befand sich fast jährlich meist viele Wochen lang mit der Diagnose einer schweren Depression in verschiedenen Kliniken in stationärer Behandlung, war oft viele Monate pro Jahr krankgeschrieben, verlor deshalb jede Arbeitsstelle. Seine Ehefrau ließ sich deshalb von ihm scheiden und seine aktuelle Lebensgefährtin, mit der er ein gemeinsames Kind hatte, wollte sich deshalb von ihm trennen. Er teilte mir mit, dass er sich nach einer Trennung das Leben nehmen würde. In der Psychotherapie arbeitete ich (wie immer) am therapeutischen Zugang zum Patienten. Nach mehreren Sitzungen war mir ein sehr guter Zugang zum Patienten gelungen. Er konnte nun erstmals in seinem Leben darüber sprechen, dass er im Alter von 8 bis 10 Jahren immer sonntags vom Vater sexuell missbraucht worden war. Der Vater habe ihm gedroht, er würde ihn umbringen, falls er jemandem davon erzählen würde. Deshalb stand für ihn fest, dass er niemals mit jemandem darüber sprechen würde. Während er mir dies erzählte, weinte er heftig. Für mich stand somit die Diagnose fest: Posttraumatische Belastungsstörung.

Im Rahmen meiner beruflichen Fortbildung wurde ich vom 26.04. bis 30.04.1999 (Lindauer Psychotherapie Wochen) von Prof. Dr. med. Friedhelm Lamprecht von der Universität Hannover in EMDR ausgebildet. EMDR ist die Abkürzung für »Eye Movement Desensitization and Reprocessing«. Es handelt sich dabei um eine schulübergreifende, neue und sehr erfolgreiche Methode zur Behandlung von posttraumatischen Belastungsstörungen, in Deutschland erstmals im Juli 1994 vorgestellt. Teilnehmer des Seminars mussten das EMDR-Verfahren in Rollenspielen einüben. Jeder musste sowohl die Therapeutenrolle als auch die Patientenrolle spielen. In der Patientenrolle sollten reale belastende Erlebnisse mit EMDR bearbeitet werden, möglichst keine schweren Traumata. Mir fiel außer meinem schweren Trauma kein weiteres ein.

Als ich Erinnerungen meines Traumas auftauchen ließ, kam es entgegen der Erwartung zu keiner emotionalen oder physiologischen Reaktion, so dass eine »Therapie« nicht möglich war. In der Pause kam Prof. Lamprecht auf mich zu und sagte: »Herr Neusser, wenn ein Mensch auf einen Schlag seine ganze Familie durch deren Tod verliert – in Ihrem Fall Ehefrau und Tochter – dann ist ein solches Trauma das Schlimmstmögliche, was ein Mensch erleben kann. Ich hoffe doch, dass Sie einen sehr guten Therapeuten haben. Ich kenne nämlich niemanden, der solch ein Trauma ohne Psychotherapie bewältigen konnte. Ich selbst würde mir auch einen guten Therapeuten suchen, wenn mir so etwas passieren würde, obwohl ich Trauma-Experte bin.« Bezüglich der ausbleibenden emotionalen und physiologischen Reaktionen beim Rollenspiel meinte er: »Ich vermute, in Ihnen steckt eine starke Widerstandskraft gegen Veränderung der inneren Situation bezüglich der starken Beziehung zu Frau und Tochter, woran Sie unbewusst nichts ändern möchten.« Wahrscheinlich hatte er recht, denn ich spürte auch kein Verlangen nach Veränderung durch eine Therapie. Für den Leser möchte ich anmerken, dass es im Leben immer Ausnahmen gibt. Leider gehöre ich in dieser Angelegenheit zu den Ausnahmen. Ich kann nur jedem traumatisierten Menschen raten, sich einer Therapie zu unterziehen. EMDR ist eine sehr erfolgreiche Therapie bei posttraumatischer Belastungsstörung!

Der oben genannte Patient wurde nun mein erster EMDR-Fall. Um es kurz zu machen: Nach zwei EMDR-Therapie-Stunden war der Patient vollständig geheilt. Er hatte mich danach jährlich besucht, nur um mir freudestrahlend zu berichten, dass es ihm anhaltend ausgesprochen gut gehe, dass er keine depressiven Einbrüche mehr gehabt habe und seine Beziehung zu seiner Partnerin sich sehr gut entwickelt habe. Außerdem habe er jetzt einen festen Arbeitsplatz, der ihm große Freude bereite (daran hatte sich auch nach mehreren Jahren nichts geändert).

EMDR habe ich bis an mein Berufsende häufig mit großem Erfolg eingesetzt. EMDR kann auch bei mehreren anderen Diagnosen erfolgreich angewandt werden, wobei der therapeutische Zugang zum Patienten wichtigste Voraussetzung für eine erfolgreiche Behandlung ist. Anwendungsmöglichkeiten bestehen z. B. auch bei Phobien, bei Prüfungsangst, bei negativem Grübeln, bei Panikattacken, bei Redeangst, bei Angst vor zahnärztlicher Behandlung, bei Potenzstörungen u. a. m.

Fallbeispiel 2 – Therapeutisches Klettern

Eine 22-jährige Frau befand sich mit der Diagnose einer schweren endogenen Depression und hoher Suizidgefährdung drei Monate lang auf unserer geschlossenen Psychiatrie-Station. Alle Medikamente scheiterten wegen Unverträglichkeit mit Erbrechen. Niemandem gelang ein Zugang zu ihr. Nach Anfragen der Krankenversicherung wurde sie auf meine offene Station verlegt. Unmittelbar nach ihrer Verlegung fand die Oberarzt-Visite statt. Gleich bei der ersten Frage antwortete sie: »Dazu brauche ich nichts sagen, weil ich mich eh umbringen werde.« Laut Oberarzt war dieser Satz meist der Einzige, der in den Kommunikationsversuchen der vergangenen 12 Wochen von ihr zu hören war. Nach der Oberarzt-Visite fragte dieser in der Nachbesprechung: »Hat einer von Euch eine Idee, was man mit der Patientin machen könnte? Wenn uns nichts einfällt, ist sie spätestens in zwei Wochen tot.« Alle Anwesenden waren hilflos und schüttelten den Kopf. »Und Sie, Herr Neusser?« Mir war klar, dass man irgendwie einen therapeutischen Zugang zu ihr herstellen müsse, aber wie? Ohne guten Zugang zum Patienten ist Psychotherapie kaum möglich. Dann hatte ich plötzlich eine Idee und sagte: »Ich könnte mir vorstellen, wenn ich mit ihr ins Donautal zum Klettern gehe, wäre ein Zugang zu ihr möglich.«

Anmerkung: Kletterhallen gab es damals in unserer Gegend noch nicht. Mit meinem Vorschlag erntete ich vom Pflegepersonal nur Ablehnung. Lediglich der Oberarzt meinte nach meiner geäußerten Begründung, dass beim Klettern immer Kommunikation stattfindet und ein Zugang zum Seilgefährten entsteht: »Ich finde diese Idee gar nicht schlecht.« Wir bekamen auch von der Krankenversicherung die Zustimmung für diesen ungewöhnlichen therapeutischen Ansatz. Ich fuhr mit der Patientin zu einem Kletterfelsen, stieg im IV. Schwierigkeitsgrad ca. 15 Meter nach oben, richtete eine Abseilstelle ein und seilte wieder zur Patientin ab. Sie zog sich einen Klettergurt an und ich band sie ins Kletterseil ein. Dann zeigte ich ihr in Zeitlupe, wie man die ersten zwei Meter hochklettert und sagte: »Wenn Sie hier angekommen sind, dann setzen Sie sich in den Klettergurt und ich lasse Sie wieder langsam auf den Boden herunter.« Antwort: »Das würde ich nie tun.« – »Warum?« – »Weil dann die Haken da oben ausreißen könnten.« – »Sie können absolut sicher sein, dass die drei Haken da oben halten. Sie haben doch gerade gesehen, dass sie mein Gewicht beim Abseilen auch gehalten haben.« – »Aber das Seil könnte reißen.« – »Das Seil hält 2000 kg, kann also mit 100%iger Sicherheit nicht reißen.« Ich empfand es schon als großen Fortschritt, dass durch das bevorstehende Klettern zwischen ihr und mir eine Kommunikation entstanden war. Und dann kletterte ich nochmals im Zeitlupentempo die ersten beiden Meter hoch und zurück. Danach geschah die Überraschung: Die Patientin kletterte auch 2 Meter hoch, setzte sich ins straff angezogene Seil und ich ließ sie ganz langsam zum Boden ab. Die gleiche Prozedur wiederholten wir zu einer Höhe von 4 Metern und 6 Metern, danach kletterte sie bis zur Abseilstelle in ca. 15 Metern Höhe. Nachdem sie wieder nach dem Ablassen festen Boden unter den Füßen hatte, sprang sie mir vor lauter Freude laut jubelnd um den Hals und rief: »Ich hätte nie gedacht, dass ich das schaffen würde.« – Ab diesem Augenblick war die Depression verschwunden. Da wir keinerlei Erfahrung hatten, wie lange der depressionsfreie Zustand anhalten würde, entließen wir die Patientin zwei Wochen später nach Hause. Sie begann auch sofort nach der Entlassung mit ihrer Berufstätigkeit und es gab in den Folgejahren keine Rückfälle.

Anmerkung: Menschen mit gleicher Symptomatik reagieren oft unterschiedlich auf eine bestimmte Therapie. Was bei einem Menschen sehr erfolgreich sein kann, ist bei einem anderen Menschen wirkungslos oder führt bei diesem gar zu einer Verschlimmerung. Das gilt auch für Medikamente. Ein bestimmtes Medikament kann für einen bestimmten Menschen sehr hilfreich sein, bei einem anderen Menschen ist es unwirksam oder führt gar zu schlimmen Nebenwirkungen. »Therapeutisches Klettern« war im oben geschilderten Fall zum Glück extrem erfolgreich. Das heißt aber nicht, dass es bei gleicher Symptomatik auch bei einer anderen Person wirksam gewesen wäre.

Zu einem Zeitpunkt, als ich noch nie von dem Begriff »therapeutisches Klettern« gehört oder gelesen hatte, hatte ich es intuitiv angewandt. Viele Jahre später sah ich in Fernsehdokumentationen, dass »therapeutisches Klettern« nicht nur eine gute physiotherapeutische, sondern auch eine hervorragende psychotherapeutische Wirkung habe, insbesondere sei die antidepressive Wirkung des therapeutischen Kletterns wissenschaftlich nachgewiesen. Auch mir hat Klettern in der schlimmsten Zeit meines Lebens sehr geholfen. Vermutlich wurde dadurch eine depressive Entwicklung verhindert. Allerdings möchte ich niemandem raten, ungesichert zu klettern. In Kletterhallen kann man immer von oben gesichert werden, so dass die Unfall-Gefahr des Kletterns entfällt. Klettern mit Seilsicherung zählt inzwischen zu den gesündesten und vielseitigsten Sportarten.

Kapitel 10: Die Zeit nach meiner Berentung

Mit dem Beginn meiner Berentung am 01.05.2008 begann für mich ein neuer Lebensabschnitt. Ein Leben ohne Stress-Belastung, weshalb sich auch meine Symptomatik im Lauf der Zeit etwas besserte. Chronisch gewordene Symptome blieben jedoch bis heute bestehen, vor allem Tinnitus mit zunehmender Hörminderung und das chronische Fatigue-Syndrom, weshalb ich z. B. auch keine Spielfilme mehr ansehen kann, da ich beim Fernsehen spätestens nach 20 bis 30 Minuten immer einschlafe. Nur wenn ich körperlich aktiv bin, spüre ich die Müdigkeit kaum. Ich hatte aber wieder mehr Zeit, Kinder, Jugendliche und Erwachsene im Klettersport auszubilden und das inzwischen wöchentliche Klettertraining für den DAV (Deutscher Alpenverein) zu betreuen. Im Rahmen der Kooperation »Schule-Verein« übernahm ich das wöchentliche Klettertraining in der Halle für Schülerinnen und Schüler der Bilharzschule (eine Grund- und Werkrealschule) sowie auch für Schülerinnen und Schüler einer Förderschule. Außerdem gab ich Schnupper-Kletterkurse für Studentinnen und Studenten der Hochschule Sigmaringen (37 Studenten hatten gleich beim ersten Kurs teilgenommen). Von November 2012 bis Juli 2013 betreute ich auf Bitte des mittlerweile neuen Chefarztes der Psychiatrischen Abteilung des Krankenhauses Sigmaringen das »Therapeutische Klettern« für Psychotherapie-Patienten und bildete die Therapeuten aus, die nach Beendigung meiner Funktion selbstständig das therapeutische Klettern weiterführten. Klettertraining in der Halle wurde möglich, nachdem die DAV-Sektion Sigmaringen in die Turnhalle der Bilharzschule eine Kletterwand mit neigungsvariabler Boulderwand eingebaut hatte. Im Jahre 2015 errichtete die Liebfrauenschule (Gymnasium und Realschule) eine neue Sporthalle mit Anbau einer Kletterhalle mit einer 13 Meter hohen, meist überhängenden Kletterwand, die seither mehrmals wöchentlich auch vom DAV mitbenützt wird.

Ich war somit in zahlreiche sportliche Aktivitäten eingebunden, die ein hohes Maß an sozialem Engagement erforderten. Diese Aufgaben übte ich sehr gerne aus, sie haben mich keineswegs belastet. Ich hatte jetzt auch wieder Zeit für die Pflege sozialer Beziehungen und unternahm mit Freunden wieder Klettertouren im Donautal und in den Alpen. Ich hatte nun kein Interesse mehr, allein zum Klettern in die Alpen zu fahren. Gelegentlich ging ich zum Gleitschirmfliegen in die Alpen, was auch immer gut verlief, abgesehen vom Unfall im Mai 2011 und von der kritischen Situation vom Juni 2014, als ich von einer Wolke angesaugt worden war (siehe Kapitel 8.4). Ohne Zeitdruck und ohne starke Belastung konnte ich wieder Rennrad fahren und auch regelmäßiges Lauftraining durchführen, meist gemeinsam mit dem Lauftreff. Leider wurde ich im Januar 2012 beim Joggen von einem Hund gebissen. Resultat des Hundebisses war eine Wundheilungsstörung und eine Virusinfektion mit täglich erhöhter Körpertemperatur um die 38 °C, anhaltend bis Mai 2013. In dieser Zeit waren anstrengende sportliche Aktivitäten kaum möglich.

Abschließen möchte ich dieses Kapitel mit einem für mich wichtigen Hinweis bezüglich meiner alpinen Alleingänge. Manche Personen in meinem Umfeld sind der Überzeugung, ich hätte diese ungesicherten Klettereien aus suizidalen Gründen unternommen. Hier meine Richtigstellung: Durch meine in Kapitel 9 beschriebene Situation am Arbeitsplatz mit sich verschlimmernder posttraumatischer Belastungsstörung ging es mir dermaßen schlecht, dass ich diesen Zustand fast nicht mehr aushalten konnte. Als Psychotherapeut wusste ich, dass sich viele Menschen in vergleichbarer Situation suizidieren würden. Suizid kam aber für mich nicht in Frage, allein schon wegen des eindrücklichen Erlebnisses im August 1994 in den Dolomiten (siehe Anfang Kapitel 8.1). Ich wusste zu dieser Zeit, dass Klettern diesen schlimmen Zustand etwas erträglicher machen würde. Je schwieriger das Gesamtunternehmen war, desto länger hielt auch die therapeutische Wirkung des Kletterns an. Dabei hatte ich trotz Todessehnsucht immer alles getan, um zu überleben. Nur wenn eine tödliche Situation entstanden wäre, auf die ich keinen Einfluss gehabt hätte, z. B. Felssturz oder Blitzschlag, hätte ich meinen Tod akzeptiert. Nach Eintritt der Rente bestand kein Interesse mehr an Alleingängen, weil auch keine seelischen Qualen mehr vorhanden waren. Alpine Alleingänge hatten somit für mich ausschließlich das Ziel, meine seelischen Qualen erträglicher zu gestalten. Natürlich war mir immer bewusst, dass ich beim ungesicherten Klettern durch den kleinsten Fehler mein Leben verlieren könnte. Vor dem eigenen Tod hatte ich aber keine Angst, denn er bedeutete für mich einerseits das Ende meines Leids und andererseits große Freude durch das erwartete Wiedersehen mit Birgit und Silvia.

Im Entlassbrief der Klinik Alpenblick vom 15.12.1997 an die BfA (Bundesversicherungsanstalt für Angestellte) hatte der zuständige Psychotherapeut eine weitere Interpretation geschildert. Er schrieb:

> *Die Entwicklung des Patienten ist charakterisiert durch häufige, oft lebensbedrohliche Unfälle und Verletzungen, bei denen er psychische Grenzerfahrungen im Bereich zwischen Leben und Tod machte, die seine Einstellung zum menschlichen Dasein entscheidend prägten. Seine leidenschaftliche Neigung zu Extremsportarten kann als Wunsch verstanden werden, Begegnungen mit dem Tod immer wieder aufzusuchen, um die Faszination dieses Grenzbereichs erneut zu erleben.*

Diese Erklärung war für mich interessant und neu. Sie steht aber nicht im Widerspruch zu meinen oben beschriebenen subjektiven Schilderungen. Zu diesem Thema passt auch folgender Traum während meiner Reha-Maßnahme und seine Deutung: Ich spiele mit Birgit Schach. Plötzlich tritt Chaos auf. Ich kann meinen Springer nicht mehr anfassen, mit dem ich meinen nächsten Zug durchführen möchte. Und dann weiß ich plötzlich nicht mehr, welche Farbe meine ist: Schwarz oder Weiß? Birgit sagt daraufhin: »Aber Heinzi, du wirst doch noch wissen, welches deine Farbe ist!« – Danach erwache ich. Anmerkung: Nie in meinem Leben hatte ich mit Birgit Schach gespielt. Ich erzählte diesen Traum meinem Therapeuten. Seine Deutung: Der Traum zeigt die Unfähigkeit zum nächsten Zug. Das Chaos weist auf innere Zerrissenheit hin. In Gedanken sei ich viel mit dem Jenseits beschäftigt, körperlich aber sei ich auf dieser Welt. Die Farbe Schwarz stehe für diese Welt, die ich leidvoll und sinnentleert erlebe. Die Farbe Weiß stehe für das Jenseits, das für mich assoziiert sei mit einem glücklichen Zusammensein mit Birgit und Silvia.

Von mehreren Freunden und befreundeten Ärzten, die meine Situation am Arbeitsplatz kannten, wurde ich immer wieder gefragt, warum ich nicht gekündigt hätte. Eine Kündigung kam für mich aus mehreren Gründen nicht in Frage. In meinem damaligen Zustand wäre ich nicht in der Lage gewesen, mich in eine neue, mir unvertraute Arbeitswelt einzuarbeiten. Ich musste befürchten, arbeitslos zu werden. Das wollte ich auf alle Fälle vermeiden, denn ich liebte meinen Beruf und ich arbeitete sehr gern mit Patienten. Es machte mir auch immer große Freude, wenn die therapeutische Arbeit erfolgreich war. Therapeutische Arbeit habe ich auch fast nie als Stress erlebt. Sie fand in der Regel auch während der regulären Arbeitszeit statt. Was mich extrem belastet hat, waren die extrem hohen wöchentlichen Arbeitszeiten nach Feierabend, also »Büroarbeiten« unter starker Müdigkeit und das Verhalten meines Vorgesetzten mir gegenüber. Selbst wenn ich eine Arbeitsstelle im Umkreis von 50 km bekommen hätte, wäre ich wegen meines schweren und mittlerweile chronischen Fatigue-Syndroms kaum in der Lage gewesen, morgens eine Stunde früher aufzustehen, um den weiten Weg zum neuen Arbeitsplatz zu fahren: Die Gefahr, am Steuer einzuschlafen, wäre für mich viel zu groß gewesen. Außerdem wollte ich nicht mein Haus verlieren, da es für mich ein Lebenswerk war. Ich hatte es nach den Bedürfnissen von mir und Birgit geplant und den größten Teil des Innenausbaus in Eigenleistung gefertigt. Letztlich ging ich auch davon aus, dass ich infolge meiner hohen körperlichen und psychischen Belastbarkeit den enormen Dauerstress aushalten würde. Ich ging auch davon aus, dass sich die Situation am Arbeitsplatz eines Tages durch Einstellung eines weiteren Psychologen vielleicht doch normalisieren würde. Eine Kündigung kam somit aus den genannten Gründen für mich nicht in Frage.

Ganz zum Schluss möchte ich noch anmerken, dass im Juni 2023 bei mir eine nicht heilbare Krebserkrankung diagnostiziert wurde, die möglicherweise in den nächsten Monaten zum Tode führen wird. Diese Nachricht hat mich letztlich bewogen, endlich zu beginnen, dieses Taschenbuch zu schreiben. Wie schon weiter oben berichtet, macht mir der Tod selbst keine Angst. Ich habe mich auch entschieden, wegen starker Nebenwirkungen keine Medikamente einzunehmen, die das Krebswachstum verlangsamen würden und somit eine lebensverlängernde Wirkung hätten. Glücklicherweise wird diese Entscheidung auch von den mich behandelnden Ärzten akzeptiert. Ich möchte nur nicht vorher noch zum Pflegefall werden oder auf fremde Hilfe angewiesen sein. Deshalb bleibe ich vier bis fünf Mal wöchentlich sportlich aktiv, denn solange ich noch Sport ausüben kann, muss ich auch keine fremde Hilfe in Anspruch nehmen. Mein sehnlichster Wunsch wäre deshalb, dass ich eines Tages nach einem Training abends todmüde ins Bett fallen und während des Schlafs von Birgit und Silvia abgeholt werden würde, um mit all meinen Lieben in einer neuen und wunderbaren Welt zu neuem Leben erweckt zu werden.

Anhang

Ansicht meiner selbstgebastelten Übungsgeräte für die Behandlung von Sudeck III samt Übungsanleitung (siehe Fotos 2 bis 9).

Die Streck- und Beugungsübungen der Fingergelenke und des Handgelenks erfolgten zuerst passiv durch vorsichtiges und mehrere Minuten andauerndes Quengeln in den diversen Geräten. Das Strecken bzw. Beugen wurde langsam bis zur persönlichen Schmerzgrenze gesteigert. Beim Handgelenk kam die Rotation in beide Richtungen hinzu. Die Schmerzen müssen über mehrere Minuten lang ausgehalten werden, dann lassen sie allmählich nach und man kann die »Schmerzschrauben« vorsichtig weiter anziehen. Diesen Prozess kann man mehrmals wiederholen. Schmerzmittel dürfen selbstverständlich nicht eingenommen werden, denn der Schmerz wird benötigt, um die jeweilige Obergrenze der Quengel-Stärke wahrzunehmen. Wird die Obergrenze infolge Einnahme von Schmerzmitteln nicht mehr realistisch wahrgenommen, könnte es zu gefährlichen Verletzungen kommen. Auf jede Passiv-Übung (Quengeln) folgte eine Aktiv-Übung.

Ich hatte schnell bemerkt, dass nur einmaliges tägliches Üben keinen durchschlagenden Erfolg bringt, denn schon am nächsten Tag waren dann die Ein- und Ausgangswerte wieder dieselben, wie tags zuvor. Man könnte also jahrelang täglich üben, ohne Erfolg zu haben. Vielleicht galt Sudeck III deshalb als unheilbar, weil die meisten Patienten nur dreimal wöchentlich ihre Hand von einem Krankengymnasten behandeln ließen. Es stellte sich auch als wichtig heraus, die Übungsgeräte mit den jeweils zugehörigen Maßangaben zu beschriften (mm, cm, Winkelgrade) und jede Einzelübung anschließend zu protokollieren. Dadurch erkennt man sofort, ob und gegebenenfalls welche Fortschritte erzielt worden sind.

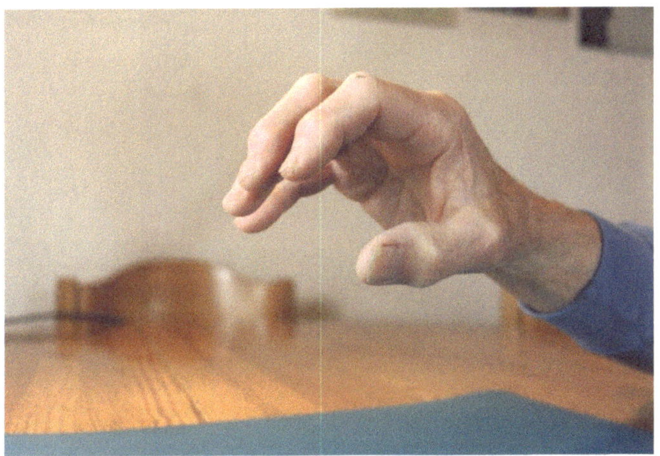

Foto 1: Ansicht meiner Hand mit Sudeck dritten Grades: »Krallhand«, die sich nicht zur Faust schließen lässt. Die Finger können weder gebeugt noch gestreckt werden. Das Handgelenk ist fast völlig bewegungslos, kann nicht gebeugt, nicht angehoben und nicht gedreht werden.

Foto 2: Quengelgeräte zur Wiederherstellung der Fingerstreckung (passiv).

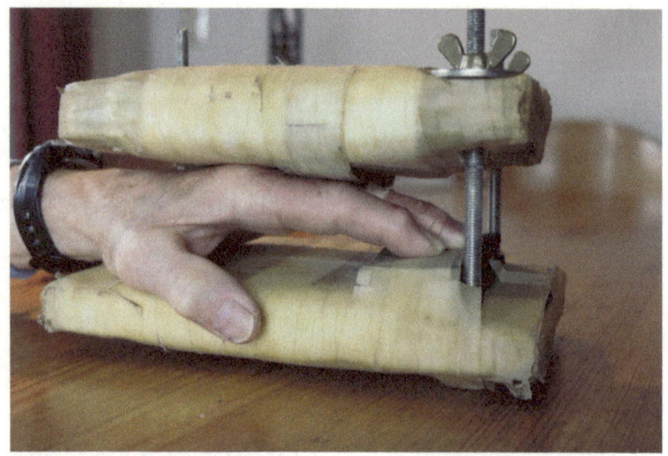

Foto 3: Quengelgerät zur Wiederherstellung der Fingerstreckung nach erzielten Fortschritten.

Foto 4: Geräte für Aktiv-Übungen zur Wiederherstellung der Fingerstreckung.

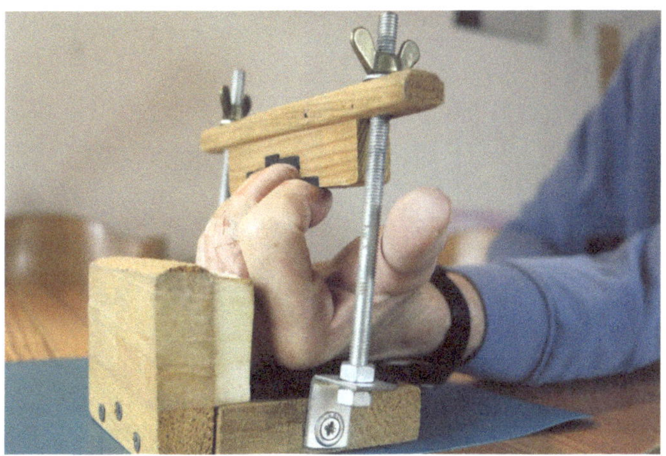

Foto 5: Gerät zum Wiederherstellen der Fingerbeugung (passiv). Gerät identisch wie Foto 2.

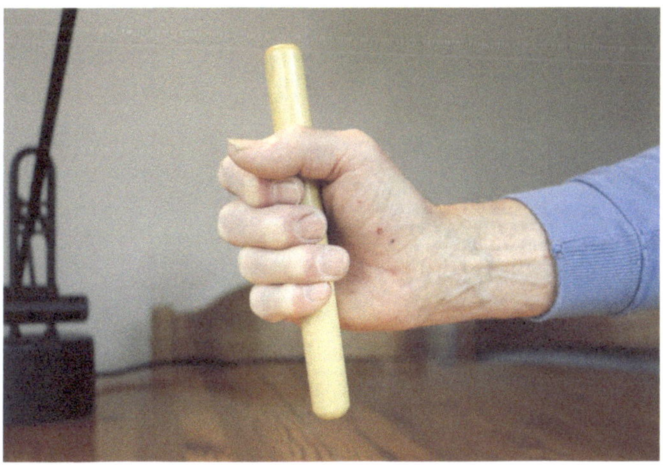

Foto 6: Wiederherstellung der Fingerbeugung durch Aktiv-Übungen mit Rundstäben verschiedenen Durchmessers.

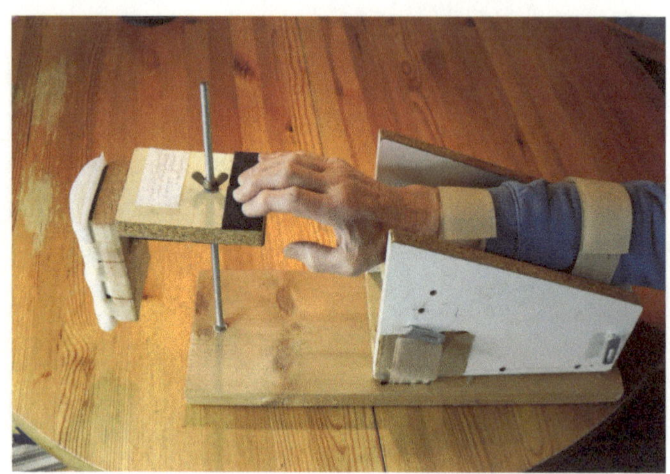

Foto 7: Passiv-Übung für Handgelenkbewegung nach oben.

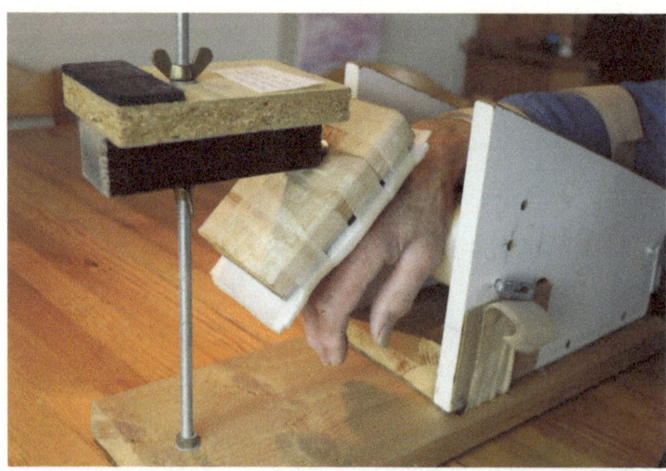

Foto 8: Passiv-Übung für Handgelenkbewegung nach unten/Gerät identisch wie Foto 7.

Foto 9: Gerät zur Wiederherstellung der Drehbewegung des Handgelenks, sowohl für Drehung nach links als auch nach rechts. Sowohl für Passiv-Übungen (höheres Gewicht) als auch für Aktiv-Übungen (geringeres Gewicht der Hantelscheiben).

Dankeswort

Besonders bedanken möchte ich mich zum Schluss bei meinem Lektor Gregor Schill. Ohne ihn wäre dieses Taschenbuch nicht zustande gekommen. Er hat mich nicht nur zum Aufzeichnen dieser Dokumentation animiert, sondern die Arbeiten auch redaktionell unterstützt und das Titelbild zur Verfügung gestellt. Des Weiteren geht mein Dank an seinen Sohn Tobias, der bei der Umsetzung des Layouts unterstützt hat.

Bedanken möchte ich mich auch bei Regina Michelsohn für das Erstellen der Fotos. Eine weitergehende Bearbeitung der Fotos unterblieb ganz bewusst, um die Authentizität der Fotos und der Geräte zu wahren. Khia Michelsohn danke ich für die juristische Überprüfung von Kapitel 9.

Letztendlich gilt mein Dank all den Personen, die in diesem Taschenbuch namentlich erwähnt sind und die mir für ihre namentliche Nennung (zumindest der Vornamen) auch ihre Zustimmung erteilt haben.

Einige von ihnen leben leider nicht mehr – ihnen sowie Birgit und Silvia möchte ich mein Buch widmen.

Der deutsche lyrik verlag (dlv) ist ein Imprint

der Karin Fischer Verlag GmbH, Aachen.

Besuchen Sie uns im Internet:
www.deutscher-lyrik-verlag.de
www.karin-fischer-verlag.de

Bibliografische Information der Deutschen Nationalbibliothek
Die Deutsche Nationalbibliothek verzeichnet diese Publikation in der Deutschen Nationalbibliografie; detaillierte bibliografische Daten sind im Internet über http://dnb.d-nb.de abrufbar.

ISBN 978-3-8422-4968-4

Lektorat: Gregor Schill

Bilder im Innenteil © Regina Michelsohn

Covergestaltung © Vogelsang Design
unter Verwendung einer Fotografie © Gregor Schill

Gesamtgestaltung: mo-rom

Hergestellt in Deutschland